混迷する保育政策を解きほぐす

量の拡充・質の確保・幼児教育の振興のゆくえ

柏女霊峰

明石書店

はじめに

平成末期になり、保育政策が混迷を深めています。量の拡充とそのための保育士確保策が、保育の質の向上と矛盾していること、保育の質の向上が「教育」化と考えられていること、保育士の待遇改善とキャリアアップシステムとの混同など、矢継ぎ早の政策が混迷の度を深めています。これまで大切にしてきた福祉の視点が弱体化し、かえって保育の質の劣化が懸念されます。保育の質とは何か、保育の本質とは何か十分に語られないまま、保育政策が進められてきたことも一因となっているようです。

こうした状況を踏まえ、本書の題名は、あえて『混迷する保育政策を解きほぐす』としました。自分自身が保育政策立案や保育所運営の現場に身を置きながら、このような題名を著書につけるのはためらいもありましたが、やはり、今の状況を端的に示すにはこの題名しかないと思うようになりました。「混迷」とは、辞書によれば、「複雑に入り組んで筋道がわからなくなること」を言います。まさに、今の保育は、子ども・子育て支援制度創設によって複雑化、多様化し、どこをめざして進むべきなのか見えにくくなっている状況と思います。

保育は大きく三元化し、それに加わる地域型保育事業などは、あたかも保育需要の調整弁を果たしているかのような感があります。認可やサービス利用のあり方も、それぞれ異なっています。保育は何をめざすべきなのか、原理・原則に立ち返って再構築しなければならない状況に陥っているようです。

序章でも取り上げますが、平成期の保育政策の特徴は、良く言えば、社会の要請を受けた保育の一般化と多様化の推進であり、悪く言えば、量の確保のための施策と質の確保・向上のための施策との整合性の欠如と言えるように思います。これに、「教育」の重視がかぶさってきました。量の拡充、質の確保、幼児教育の振興、という3次の連立方程式は、解けるどころかますます混迷しているかのようです。

本書は、平成期の終わりにあたり、平成期の保育を総括し、今後を展望するための書として執筆しました。全国保育団体の機関紙『保育通信』に２０１８（平成30）年４月号から２０１９（平成31）年１月号までの10回にわたって連載の機会を与えていただいたことがきっかけでした。毎回、これまでの私の保育との関わりを振り返りつつ、また、保育をめぐる新しい動向にも気を配りながら、考察を深めてきました。周辺分野の動向も整理しつつ、時代とともに走りながら考えてきたことを取り上げてきました。

同時に、時代が変わっても変えてはならない保育、福祉の原理についても、考察してきました。混迷の時代だからこそ、忘れてはならない保育の根本を大切にしなければならないとの思いからでした。そのため、本書は、第一部「子ども・子育て支援、保育の制度改革」、第二部「保育制度改革がめざす方向と大切にすべきこと」の２部構成としました。第二部では、保育所保育指針に見る福祉の視点と教育の視点の不整合を皮切りに、これまでの保育所保育指針に見られる子ども観、保育観を論じてみました。あわせて、保育士の専門性と倫理にも言及しました。保育士としてのコアの専門性は何なのか、そのための養成課程をどのように考えるべきかについても、考察してきました。

さらに、保育を通じた地域との関係づくりや福祉の視点から考える子ども育成の新しい理念、子ども・子育て支援制度と共生社会の創出など、保育の福祉的視点を大切にしつつ、私の考えを述べてきました。これからの保育がどのような方向に向かおうとも、社会連帯と共生社会の創出の視点は忘れてはならないと思ったからです。

平成期は２０１９年４月末で終わり、新元号は「令和」に決まりました。令和期の保育は、その英訳とされる「Beautiful Harmony」のとおり、美しく調和に満ちて展開されていくことを祈っています。

本書が、保育関係者や保育行政の担当者、保育サービス利用者、これから保育をめざす方々に幅広く読まれ、混迷する保育の克服について皆で考える素材とすることができることを願っています。

混迷する保育政策を解きほぐす

——量の拡充・質の確保・幼児教育の振興のゆくえ

◉目次

序章

平成期の子ども・子育て支援、保育の動向と大切にすべきこと

本書の冒頭に置かれる序章では、続く第一部、第二部で構成される本書の内容を概観するとともに、本書の基本的視点を整理しておきたいと思います。

1　子ども・子育てと保育の動向

厚生労働省の統計によれば、２０１７（平成29）年の出生数は約94・６万人、合計特殊出生率は１・43でした。出生数は、第２次ベビーブームのピークである１９７３（昭和48）年の２０９万人の半数以下にまで減少しました。また、１９９５（平成７）年４月に約１６０万人だった保育所利用児童数は近年急激に増加し、２０１８（平成30）年４月には保育所等利

用児童数は250・6万人となり、統計史上最高を更新しています。放課後児童クラブ登録児童数も2018（平成30）年5月現在、約123・4万人となり、これも統計史上最高を更新しています。出生数が統計史上最低なのに、保育サービスは統計史上最高を続けているのです。

2 子ども家庭福祉制度の限界と新たな船出

もともと子育ては、親族や地域社会の互助を前提として行われていました。しかし、20世紀の特に後半、高度経済成長とともに地域社会の互助は崩壊に向かい、その結果、子育ては急速に閉塞的な状況を示すようになったのです。そして、子どもを保育する専門システムである保育サービスに利用が集中するようになっていったのです。

これに対し、政府も保育、子ども家庭福祉施策の改革を進めてきました。具体的には、平成初期から、保育所をめぐる利用のあり方の検討と規制緩和が進められました。特に後者は、保育の中身に大きな混乱をもたらすこととなりました。

しかし、こうした漸進的な改革や小手先の規制緩和策では、待機児童問題などの現代社会の実情に十分対応していくことができず、ついに、政府は、抜本的な子ども家庭福祉・保育施策の改革を行うこととしました。これが、2015（平成27）年度から創設された子ども・子育て支援制度です。介護地獄に対処するための介護保険制度の創設と同様の手法と言えます。

あわせて、社会的養護は家庭養護、障害児童福祉は地域生活支援をそれぞれめざし、改革が進められました。子ども・子育ては、子ども虐待防止対策などこれまでの公的責任に基づく子どもの権利擁護施策とともに、利用者の尊厳と個人の選択を重視した社会連帯による施策の併存という新たな時代に入っていったのです。

3　子ども・子育て支援制度の意義と現在

子ども・子育て支援制度は、いわゆる社会づくり政策としての福祉改革と、人づくり政策としての教育改革が結びついたものと言えます。その根底を支える理念は、制度の谷間に落ちる子どもを防ぐいわゆるソーシャル・インクルージョン[2]（social inclusion、社会的包摂）でなければならないと思います。

しかし、制度開始後4年が過ぎても、子ども・子育て支援制度に幼稚園の参入は多くはなく、幼保連携型認定こども園は幼稚園、保育所を合わせた数の1割程度という状況です。また、その地域格差も大きく開いています。私たちは、すべての子どもと子育て家庭が切れ目のない支援を受けられる社会、乳幼児期から質の高い教育を受けることができる社会をめざすことを、この制度によって創設しようとしました。そのことを、関係者一同がもう一度確認し、第2期計画づくりを進めていくことが必要とされています。

4 保育制度の現状と課題(1)——量の拡充をめぐって

子ども・子育て支援制度創設後の保育の動向として、保育サービスの潜在的利用希望層が急激に顕在化してきたことが挙げられます。保育認定を受けても保育サービスを利用できない事態に利用者の怒りが爆発し、政府は、ようやく待機児童問題解消に本腰を入れ始めました。子育て安心プランの前倒しなどにより、保育の受け皿拡充が行われています。

それとともに課題も見えてきました。まず、幼保連携型認定こども園の創設による幼保一体化の推進が、インセンティヴ（意欲刺激）不足もあって十分に進んでいません。その結果、幼保一元化をめざした子ども・子育て支援制度が、保育三元化の事態を生み出しています。続いて、保育士、保育教諭不足に対応するために導入された処遇改善制度に混乱が起こっています。キャリアパス制度と処遇改善を同時に実施しようとしたため、公立保育所保育士がキャリアパス制度から外され、処遇改善も一部の保育士に限定されることとなりました。今後は、保育における保育士のキャリアパスを法令に規定したうえで、すべての保育士の処遇改善を進めていく必要があります。また、実績の乏しい放課後児童支援員の処遇改善も進めていかなければならないと思います。

さらに、企業主導型保育事業は緊急一時的な制度としては有効ではあるものの、保育の質の低下を懸念させる事態も想定され、今後のあり方について検討が必要とされます。審査基準や運営基準の強化、監査体制の強化などが求められます。小規模保育事業と3歳以上児保育との連携や、育児休業の継続をめぐる混乱も課題となっています。

5　保育制度の現状と課題⑵――質の向上をめぐって

その一方で、子ども・子育て支援制度創設時に約束された保育の質の向上に必要とされる財源の確保は十分ではなく、保育士配置基準の拡充は実施のめどすら立っていない状況です。

また、2019（平成31）年度から導入される改正保育士養成課程のなかでは、「保育相談支援」の科目名が「子育て支援」に変更される他、「相談援助」科目もなくなるなど、保育士が有する保護者支援の専門性や福祉的視点が弱体化する懸念が出てきています。保育ソーシャルワークの必要性が叫ばれる一方でそれらの科目が削除、変更されるなど、全体に、量の拡充と質の確保をめぐる政策には不整合が目立ちます。

6　保育の見直しに影響するその他の政策動向と社会づくりの視点

子ども・子育て支援制度は、保育サービスを中心としつつも、子育て支援その他の政策を包含しています。保育に影響を与えるそれ以外の政策動向として、以下のことを挙げることができます。

①子どもの貧困対策の推進に関する法律並びにそれにともなう大綱の策定と子ども家庭福祉のあり方

②市区町村子ども家庭総合支援拠点と子育て世代包括支援センター、利用者支援事業の併存とその関係整理のあり方の検討
③社会的養育ビジョンのゆくえ
④放課後児童クラブの量的拡充と子どもの学校への抱え込みの進展、放課後児童クラブの従うべき基準の参酌基準化のゆくえ
⑤障害児福祉計画の策定と子ども・子育て支援事業計画との連携・整合性の確保
⑥新福祉ビジョンのゆくえと地域包括的支援体制の確立
⑦子ども・子育て支援法第8条に「子育てのための施設等利用給付」を創設すること（いわゆる幼児教育の無償化）

人口減少時代を迎え、「地域共生型社会の実現」は、これからの子ども・子育て支援制度の大きなキーワードになってきそうです。子ども・子育て支援制度に、社会づくりの視点を明確に入れていくことが必要とされているのです。当然、保育においても、利用者主体や共生社会づくりの視点が求められてくることとなります。

7 残された課題

子ども・子育て支援制度創設の背景は、①待機児童対策に資するものであること、②地域の子どもを親の事情で分断しない、親の生活状況が変化しても子どもは同じ施設に引き続き通えること、③幼児期の教育の振興、④高齢者中心型社会保障から全世代型社会保障への転換、の4点です。そして、その根底には、社会的包摂の思想がなければなりません。こうした視点から、以下のような、今後に残された課題の検討も必要とされます。

①労働政策と保育政策との整合性の確保に関する検討
②幼保連携型認定こども園への一元化並びに幼稚園教諭・保育士資格の一体化を含めたあり方の検討
③障害児支援制度と子ども・子育て支援制度の理念の一致に関する検討
④総合的な放課後児童対策の検討
⑤地域包括的で切れ目のない支援ができる仕組みの検討

⑥人口減少時代の子ども・子育て支援

これからの子ども・子育て支援の理念は、「子どもの権利保障」と「子育て支援」の2つを根幹に据えながら、「子どもの最善の利益を図る公的責任」の視点と、「社会福祉における利用者主権、サービスの普遍性」確保の視点、「社会連帯による次世代育成支援」すなわち、つながりの再構築という視点の3つを整合化させるという困難な課題に立ち向かっていかなければならないように思います。ここに、「教育」という人づくり政策はどのように関わってくるのでしょうか。それらの連立方程式が解ける状況とは言えないようです。みんなの議論で、その解を見つけていく努力が必要とされているのでしょう。

8　子ども・子育て支援制度と保育——変えてはならない保育の基本的視点

保育所保育指針、幼稚園教育要領、幼保連携型認定こども園教育・保育要領が2016（平成28）年度末に告示されました。今回の保育所保育指針改定のポイントは、保育における「学校教育との整合性、接続性への積極性」と「福祉の視点の曖昧化」の2点に集約されると思います。児童福祉施設である保育所、幼保連携型認定こども園の福祉的視点、特に親子に寄り添う視点や、親子の生活者としての主体性を尊重し、それを横から後ろから「支援」「援助」するという視点が薄まり、子どもの10の姿[3]や親の家庭教育力の向上に向けて保育士が「指導」する視点が強調されています。また、保育者の自己研さんより、研修が重視されていることも特徴です。

保育所保育指針や幼稚園教育要領は、もともと「心情」「意欲」「態度」を育てることを主眼としており、学びに向かう力や非認知的能力を育てることを大切にしてきました。成果目標が学校教育法に規定する概念で整理されたとしても、時代が変わっても、乳幼児期において大切にしなければならないことは変わらないはずです。今一度、児童福祉法第1条に規定される子どもの権利条約の理念、これまでの保育所保育指針が持つ子ども観、発達観、保育観と「学校教育」におけるそれとの整合性を図る姿勢が求められます。

旧保育所保育指針の発達観、保育観は、簡潔にまとめると以下のとおりです。

「特定の大人と子どもとの応答的関係が子どもの基本的信頼感を醸成し、その関係をベースキャンプとして子どもは外の世界と関わりを持つようになる。その際、同年齢との子ども同士のコミュニケーションをとおして、様々な葛藤や感動などの体験を重ねつつ民主的な関係に気づき、他者とのコミュニケーション能力を身につけていく。そして、他者と共存するためにきまりの大切さに気づき、民主的な人間関係、社会関係を取り結ぶ力を取得していく。これが『生きる力』の基礎を培うことになる」

こうした発達観や保育観に立つ指針は、保育士に特有の援助観を求めることとなります。それは、「すべての子どもは、自らその可能性を最大限に発揮していく力を有しており、保育士は、その主体的力を最大限尊重します。保育士は子どもとの絆を形成し、そこからの旅立ちを促し、この絆をもとにして、人として生きるのに欠かせない民主的な人間関係の取り結び、生きる力や個の尊重、他者との共生などを培っていきます」という保育士像につながります。「子どもや保護者を受け止め、その主体性を尊重して支援する」保育士像です。

こうした援助観に立つ保育士の役割は、次の4点に凝縮されると思います。

①親と子の間に介在し、より良い親子関係の形成に寄与する
②子どもとの応答的な関係を取り結び、子どもの安全基地となる
③子ども同士の間に介在し、仲立ちをし、子ども同士の民主的な人間関係の取り結びを支援する

④子ども同士がきまりを守りつつ自主的に活動する場を見守り、必要に応じて介入する

保育指針の子ども観、保育観の根底には、人類の進化に対する畏敬《いけい》、いのちのエネルギーに対する信頼の念、そして、それがゆえに、子どもの主体性を尊重する保育の姿勢があふれています。子ども中心の保育観は、時代が変わっても大切にしなければならないでしょう。保育の子ども観、援助観が、十分に語られなければならないと思います。

9　求められる地域との関係づくり

社会福祉法人改革により、社会福祉法人には地域公益活動の実施が努力義務化されました。さらに、保育所保育指針、幼保連携型認定こども園には、「幼児期の終わりまでに育ってほしい姿」の1つに、「社会生活との関わり」があり、地域に親しみを持つように育つことが期待されています。

保育所等と地域との関わりには、さまざまなものがありますが、それは、以下の5類型にまとめられるように思います。無論、それぞれが独立した要素ではなく、1つの活動には、

以下のすべての要素が含まれていると考えるべきでしょう。

①園児参加型の地域活動
②地域公益的活動
③保育情報の提供
④子育て文化の発信
⑤機関連携、地域との連携

子どもは大人が次世代に贈る生きたメッセージであり、子育ては次世代を育む営みと言えます。「子はかすがい」と言われますが、子育ては人と人とをつなぎ、また、時代と時代を結ぶかすがいでもあります。地域の社会資源としての特定教育・保育施設が地域と関わり、それがまた、子どもたちの育ちに好影響を与えていくことになります。地域のつながりの希薄化が進み、また、関係機関の専門分化が進む現在、保育の社会化はこれからますます大切になってくることでしょう。

10 福祉の点から考える子ども育成の新しい理念

新しい時代の子ども観の検討も忘れてはならないでしょう。2018（平成30）年7月、厚生労働省社会保障審議会児童部会放課後児童対策に関する専門委員会が中間とりまとめ「総合的な放課後児童対策に向けて」報告書（以下、「報告書」）を公表しました。報告書は、1960年代初頭の国づくりのための健全育成概念を超えて、地域共生社会時代の子どもの育成支援について提起したことが大きな特徴と言えます。専門委員会では、新しい子ども育成の理念を3つの視点から提起しました。

①児童の権利に関する条約と改正児童福祉法の理念を踏まえた子どもの主体性を尊重した育成
②子どもの「生きる力」の育成
③地域共生社会を創出することのできる子どもの育成

この3つの視点は、報告書も言うとおり、これからの「健全育成の理念としても位置付けられる」ものです。特定教育・保育施設における子ども観としても、重要な視点だと思います。これからの保育原理は、以下の視点にまとめられるように思います。

一人ひとりの子どもの尊厳を大切にし、一人ひとりの子どもが今このときを主体的に生き生きと過ごすことをめざし、一人ひとりの可能性が最大限に発揮できるよう側面的に支援し、またそうした子どもたちに寄り添うことを大切にする保育が必要とされています。

主体的に遊び、主体的に生活する子どもは、保育者に支えられながらそこに起こる葛藤やその克服を通じて他者にもその権利があることを認識できるようになり、そんな他者とともに生きることに喜びを見出すことができるようになっていきます。それが、福祉の視点から見た保育、共生社会をもたらす保育なのだと思います。

おわりに――保育の可能性

私は、3歳から富山県高岡市内の保育所に通っていました。5歳のとき、父の転勤によって転園することとなりました。引っ越しの当日、『アリババと40人の盗賊』の絵本を持って駅のホームに見送りに来てくださった保育所の先生を、発車する電車の窓からずっと見ていた光景が脳裡《のうり》に焼きついています。子どもの福祉をめざした私の、原風景の1つと言ってよいでしょう。

特定保育・教育施設は、そこに生活した子どもたちのその後の人生に大きな影響を与える場であり、保育者は、まさにそうした専門職であると思います。保育に関わったこの間、私は、こうしたミッションに支えられてご尽力される全国の保育者に出遭ってきました。そして、その方々を地上の星として、保育問題を考え続けることができました。そのことをとてもありがたく思い、また、幸せに思っています。

本書執筆中に難病を悪化させた私の妻は、現在、近くのグループホームで暮らしています。介護者は妻や私の気持ちを受け止め、妻の残存能力を見つけ出して強化し、笑顔で抱きしめてくれます。それを力に、妻を「かすがい」として家族がつながっていきます。

「一人の人格をケアするとは、最も深い意味で、その人が成長すること、自己実現することをたすけることである」と述べたのはメイヤロフ[4]ですが、保育も介護も、子どもや高齢者、病者の気持ちを受け止め、共有し、支えることで成り立っているように思います。そして、そこでできた一種の共同体が、共生社会の源となるのではないかと思います。子どもをケアし、人と人とをつなぎ、共生社会づくりの源を創り出す保育の可能性に、大きな期待を寄せ続けたいと思います。

【注】

1　子ども・子育て支援制度の創設にともない、これまでの保育所利用児童数に関する国の統計が修正され、保育所の他、幼保連携型認定こども園、幼稚園型認定こども園等と地域型保育事業（2号・3号認定子ども）を含めた認可施設・事業利用児童数の総計が公表されることとなった。ここでは、保育所と幼保連携型認定こども園の2、3号認定子どもの合計を指している。

2　ソーシャル・インクルージョン（社会的包摂）とは、イギリス、フランスなどにおける近年の社会福祉再編の基本理念の1つであり、失業者、ホームレスなど社会的に排除されている人々の市民権を回復し、公的扶助や就労機会の提供等を通じて、再び社会に参入することを目標とする考え方のことである。わが国において政策目標としてのソーシャル・インクルージョンが注目されたのは、2000（平成12）年に報告された「社会的な援護を要する人々に対する社会福祉のあり方に関する検討会」報告書が嚆矢である。報告書は、「包み支え合う（ソーシャル・インクルージョン）ための社会福祉を模索する必要がある」と述べ、新しい社会福祉のあり方を提示している。

3　111頁を参照のこと。

4　ミルトン・メイヤロフ著／田村真・向野宣之訳（1987）『ケアの本質――生きることの意味』ゆみる出版、13頁。

【文献】

柏女霊峰（２０１８）『子ども家庭福祉論〔第５版〕』誠信書房
ミルトン・メイヤロフ著／田村真・向野宣之訳（１９８７）『ケアの本質――生きることの意味』ゆみる出版

第一部

子ども・子育て支援、保育の制度改革

第1章 保育・子育て支援サービスの現状

1 子ども・子育ての動向

厚生労働省の統計によれば、2017（平成29）年の出生数は約94・6万人、合計特殊出生率[1]は1・43でした（図1）。出生数は、第2次ベビーブームのピークである1973（昭和48）年の209万人の半数以下にまで減少しました。1973（昭和48）年生まれの女性は2018（平成30）年度には45歳となり、第3次ベビーブームのピークは見られないまま終わりました。

また、1995（平成7）年4月に約160万人だった保育所利用児童数は近年急激に増

図１　出生率及び合計特殊出生率の年次推移

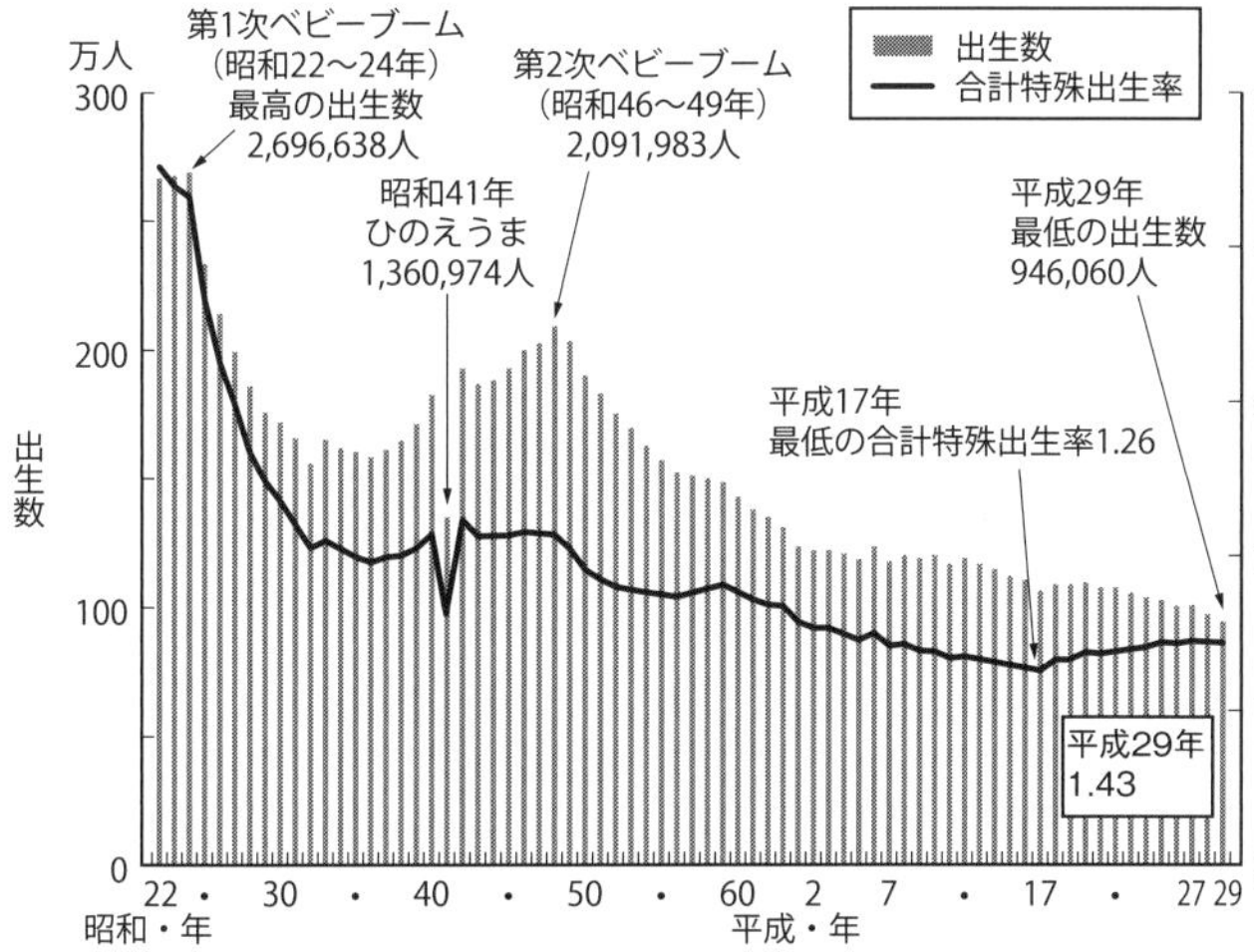

出所：厚生労働省『平成29（2017）年人口動態統計（確定数）の概況』を一部改変

加し、２０１８（平成30）年４月には保育所等利用児童数は２５０・６万人となり、統計史上最高を更新しています。放課後児童クラブ登録児童数も２０１８（平成30）年５月現在、約１２３・４万人となり、これも統計史上最高を更新しています。さらに、２０１７（平成29）年度の子ども虐待件数は13万３７７８件で、全国統計が開始された１９９０（平成２）年度１１０１件の実に１２１倍強となりました。児童養護施設、乳児院等や里親のもとで暮らす子どもの数も減少せず、社会的養護の下にある子どもたちは、２０１６（平成28）年度末現在、約4・5万人となっています。いわゆる子どもの貧困やいじめ防止対策[2]も、大きな政策課題として浮かび上がっています。

政府は子ども虐待死亡事例の検証を進めていますが、第14次報告の2016（平成28）年度では77人、この5年間、年平均78人（親子心中を含む）に及び、親子心中を除けば年間46人前後で推移しています。それらの検証からは、望まない妊娠・出産、飛び込み分娩（妊娠したが一度も産婦人科を受診せず、臨月近くに来院し出産すること）、貧困、頻繁な転居、孤立などの社会的排除やジェンダー問題といった現代社会の矛盾が凝縮して示されています。

なお、施設内虐待（被措置児童等虐待）件数は、平成27年度83件（被害児童123人）、平成28年度87件（同128人）であり、平成26年度の62件（86人）から増加しています。

2　子ども家庭福祉制度の限界と新たな船出

もともと子育ては、親族や地域社会の互助を前提として行われていました。戦後にできた児童福祉法はこの互助を前提とし、地域の互助においては対応できない子どもや家庭があった場合に、その子どもを要保護児童（保育に欠ける、養護に欠けるなど）と認定し、行政機関が職権でその子どもを保育所（市町村）や児童養護施設（都道府県）等の施設に入所させて福祉を図るという構造をとっていました。隣人が子どもに注意を与えたり、互いに子どもを預け合ったりする関係も普通に行われていました。しかし、20世紀の特に後半、高度経済成長とともに地域社会の互助は崩壊に向かい、その結果、前述した前提そのものが崩れ、子育ては急速に閉塞的な状況を示すようになったのです。

これに対し、政府も子ども家庭福祉施策の改革を進めてきました。その主たる方向は、施策幅の拡大、施策の普遍化、権利擁護の進展の3点と言ってよいでしょう。しかし、こうした漸進的な改革では待機児童問題や子ども虐待の増加など現代社会の実情に十分対応していくことができず、ついに、政府は、抜本的な子ども家庭福祉・保育施策の改革を行うこととしました。高齢者福祉施策の抜本的改革として２０００（平成12）年に導入された介護保険制度に倣った仕組みの導入です。これが、２０１５（平成27）年度から開始されている子ども・子育て支援制度です。

２０１２（平成24）年8月に子ども・子育て支援法等が公布され、２０１５（平成27）年度から子ども・子育て支援制度が施行されています。社会的養護も、家庭的養護の推進をめざして新たな道に踏み出しています。なお、障害児童福祉も、地域生活支援をめざして大きく歩み始めています。子ども・子育ては、これまでの公的責任に基づく子どもの権利擁護施策とともに、利用者の尊厳と個人の選択を重視した社会連帯に基づく施策の併存という新たな時代に入っていくのです。

3　子ども・子育て支援制度の意義と現在

子ども・子育て支援制度は、いわゆる社会づくり政策としての福祉改革と人づくり政策としての教育改革が結びついたものと言えます。その根底を支える理念は、制度の谷間に落ちる子どもを防ぐいわゆるソーシャル・インクルージョン（社会的包摂）でなければならないと思います。

しかし、制度開始後4年が過ぎても、子ども・子育て支援制度に幼稚園の参入は十分ではなく、幼保連携型認定こども園は幼稚園、保育所を合わせた数の1割程度にしかすぎません。また、その地域格差も大きく開いています。私たちは、すべての子どもと子育て家庭が切れ目のない支援を受けられる社会、乳幼児期から質の高い教育を受けることができる社会をめざすことを、この制度によって創設しようとしました。そのことを、関係者一同が、今一度確認することが求められています。

４　保育サービスの現状

２０１８（平成30）年４月１日現在の保育サービス利用児童数は、特定教育・保育施設と特定地域型保育事業、幼稚園型認定こども園等の２号、３号認定児童を合わせると約２６１・４万人で、そのうち保育所と幼保連携型認定こども園を合わせた利用児童数は２５０・６万人です。１９９５（平成７）年度の保育所利用児童は約１６０万人だったので、近年の利用児童の増加が顕著となっています。それでも待機児童[3]は、２０１８（平成30）年４月現在で約１・９万人います。このため、政府は、２０１３（平成25）年度に待機児童解消加速化プランを策定し、２０１７（平成29）年度末までに約50万人分の保育の受け皿を確保するとしていました。しかし、それでは足りず、２０１８（平成30）年度から５年間で32万人分を整備する子育て安心プランを新たに策定し、計画を２年前倒ししたうえで、２０２０年度までに待機児童をゼロにする新たな目標を設定しています。

(1) 認可保育所

認可保育所は、児童福祉法に基づく最低基準並びに子ども・子育て支援法に基づく運営基準[4]を満たした保育所のことです。両親がとも働きであるなど昼間子どもに保育が必要な状態にあることが保育の必要性の認定要件[5]となっており、保護者の申込みに基づき市町村が保育の実施を決定しています。

保育所では保育所保育指針[6]に基づき、集団保育のなかで一人ひとりを大切にした保育が行われています。そのため、子どもの年齢に応じて専門職である保育士の配置基準が定められています。認可保育所においては、保育需要の多様化や待機児童の増加に対応するため、低年齢児保育の拡充や延長保育・休日保育等の多様な保育サービスが推進されています。

(2) 幼保連携型認定こども園

幼保連携型認定こども園は学校教育・保育及び家庭における養育支援を一体的に提供する施設であり、いわゆる認定こども園法に基づく学校[7]、児童福祉法に基づく児童福祉施設及び社会福祉法に基づく第2種社会福祉事業として位置づけられます。利用方法は保護者と事業者との公的契約に基づきますが、当面は市町村が利用の調整を行います。

幼保連携型認定こども園には、学校教育と保育を担う職員として保育教諭が置かれています。保育教諭は、幼稚園教諭免許状と保育士資格を併有することが原則ですが、２０１５（平成27）年度から5年間の間（さらに5年間延長）に、片方の資格・免許しか有していない保育教諭は、資格・免許に固有の科目8単位を取得することで、もう1つの資格・免許を有することができます。

設置認可、指導監督等は都道府県単位とし、大都市特例を設けます。供給過剰による需給調整が必要な場合以外は、原則として認可することとなります。なお、認可にあたっては市町村に協議します。確認主体は市町村です。一定の条件の下で臨時休業も認められ、新たに名称使用の制限が設定されています。

幼保連携型認定こども園は２０１８（平成30）年4月現在で全国に４４０９か所設置されていますが、当初の予定より認可替えが遅れており、また、地域格差も大きく、現在は幼保が三元化している状態にあります。

(3) その他の保育サービス

この他、地域型保育給付の対象となる地域型保育事業として、小規模保育事業、家庭的保育事業、居宅訪問型保育事業、事業所内保育事業があります。これらの事業は、国の基準を参考として市町村が認可基準、運営基準を策定し、認可を行っています。また、ベビーホテルを含む認可外保育施設は、時間的な融通がきく、早朝・夜間も利用できるなどの弾力的運営が特徴となっています。なお、２０１６（平成28）年度から企業主導型保育事業[8]も創設されており、待機児童解消に一定の機能を果たしています。

5 地域子ども・子育て支援事業

子ども・子育て支援制度創設にともない、地域子ども・子育て支援事業（子ども・子育て支援法第59条）として、利用者支援事業、延長保育事業、実費徴収に係る補足給付を行う事業、多様な事業者の参入促進・能力活用事業、放課後児童健全育成事業、子育て短期支援事業、乳児家庭全戸訪問事業、養育支援訪問事業・子どもを守る地域ネットワーク機能強化事業、業、地域子育て支援拠点事業、一時預かり事業、病児保育事業、子育て援助活動支援事業（ファミリー・サポート・センター事業）、妊婦健康診査、の13事業が用意されています。

(1) 利用者支援事業

利用者支援事業は、多様な教育・保育施設や地域子ども・子育て支援事業等を円滑に利用できるよう支援する事業であり、事業者は身近な場所で情報提供や相談・助言等を行い、関係機関との連絡調整も行います。1事業所に1名以上、一定の資格・経験を有し研修を受講した「利用者支援専門員」（基本型、特定型）が配置され、その他、母子保健型（子育て世代包括支援センター）を含めて3類型があります。

(2) 放課後児童健全育成事業

放課後児童健全育成事業は、「小学校に就学している児童であって、その保護者が労働等により昼間家庭にいないものに、授業の終了後に児童厚生施設等の施設を利用して適切な遊び及び生活の場を与えて、その健全な育成を図る事業」（児童福祉法第6条の3第2項）です。放課後児童クラブは、設置数や登録児童数の増加が著しく、量的にはまだまだ充足されていません。

このため、政府は、２０１４（平成26）年度から5年間（その後1年前倒し）の放課後子ども総合プランを閣議決定しました。これは、5年間で放課後児童クラブ定員を、学校内を中心として新たに30万人分整備して１２２万人とすることなどをめざすものです。ただこれでは足りず、政府は２０１８（平成30）年、２０１９（平成31）年度から新たに30万人分の定員増を図る新・放課後子ども総合プランを策定しています。

放課後児童健全育成事業の設備及び運営に関する基準[9]は、支援の単位（集団の規模）についておおむね40人程度までとし、そこに、新しい有資格者である放課後児童支援員を２名以上配置（1名を除いて補助員でも可能）することとしています。放課後児童クラブ運営指針、解説書も発出され、育成支援の質の向上がめざされています。しかし、大幅な定員の増加に対応するため、政府は、２０１８（平成30）年12月に「平成30年の地方からの提案等に関する対応方針」を閣議決定し、放課後児童クラブに従事する者及びその員数に関わる「従うべき基準」をそのまま「参酌すべき基準」とすることを、条件つきで決定しました。すなわち、前述の基準を「従うべき基準」つまり、自治体が制定する条例の内容を直接的に拘束する基準から、「参酌すべき基準」つまり、自治体が十分参酌した結果であれば、地域の実情に応じて、異なる内容を定めることが許容される基準に緩和することとしたのです。施行は、改正児童福祉法施行後とされています。これにより、自治体は放課後児童クラブに従事する者の資格及びその員数を国の基準と異なって策定することができますが、参酌すべき基準と異なる基準を策定した自治体は、その説明責任を負うこととなります。

6　保育人材の確保と子育て支援員研修制度の創設

(1) 保育人材の確保

保育サービスや放課後児童クラブの拡充により、保育士等の人材不足が深刻な問題となっています。政府は、２０１５（平成27）年1月に保育士確保プランを定め、保育士確保策に乗り出しています。さらに、２０１７（平成29）年度から保育士等の新たな待遇改善も図られていますが、その効果はいまだ限定的であり、抜本的な対策が必要とされています。

(2) 子育て支援員研修制度の創設

保育や子育て支援に関する地域人材の育成策として、２０１５（平成27）年度から子育て支援員研修制度が創設されました。子育て支援員とは、都道府県、市町村により実施される基本研修及び専門研修を修了し、「子育て支援員研修修了証書」の交付を受けた者のことを言います。基本研修（8科目8時間）の他、専門研修（地域保育、地域子育て支援、放課後児童、社会的養護の4コースがあり、研修科目、時間数はそれぞれ異なります）を受講後、修了証書が交付されます。地域型保育事業や一時預かり事業などに勤務する際には、この研修を修了していることなどが要件とされています。

【注】

1　合計特殊出生率とは、15～49歳までの女性の年齢別出生率を合計したもので、ひとりの女性が、仮にその年次の年齢別出生率で一生の間に生むとしたときの子どもの数に相当する。

2　２０１３（平成25）年6月、「いじめ防止対策推進法」が公布され、学校におけるいじめの定義、いじめ防止基本方針の策定、基本施策、重大事態への対処（事実関係を明確にするための調査とそれをもとにした措置等）等が規定された。

3　待機児童とは、保育サービス申込書が市区町村に提出され、かつ、入所要件に該当するものであって、現に保育所に入所していない児童。２０１８（平成30）年度から、育児休業中であって復職を希望している場合は待機児童に含めることとなった。

4　運営基準の正式名称は、「特定教育・保育施設及び特定地域型保育事業の運営に関する基準」である。

5

保育の必要性の認定は、1号認定（教育標準時間認定、3歳以上で学校教育のみ利用）、2号認定（3歳以上の保育認定）、3号認定（3歳未満の保育認定）があり、2号、3号の保育認定については、保育短時間認定（パートタイム就労を想定）と保育標準時間認定（フルタイム就労を想定）の2類型がある。

6

2018（平成30）年度から、新たな保育所保育指針、幼保連携型認定こども園教育・保育要領、幼稚園教育要領が施行されており、これに基づいて保育が行われている。

7

政府提案の総合こども園法案においては株式会社等も参入できることとしており、また、児童福祉施設でもあることから、株式会社の参入を認めていない学校教育法上の「学校」と規定することができず、いわゆる認定こども園法上の「学校」とされた経緯がある。権限や機能は変わらない。

8

企業主導型保育事業は企業の従業員と地域の子どもを対象とし、市町村の認可が不要で、地域枠の設定も自由な保育事業である。事業主拠出金により児童育成協会を通して補助がなされ、その額は認可並みとされる。急激な増加により待機児童解消に資する反面、定員に大幅な空きのある施設、撤退する施設その他、質に課題のある施設などもあり、2019（平成31）年度から、一部の類型について参入条件や保育士配置の強化などの規制強化が図られることとなった。また、実施団体も新たに公募される。

9

放課後児童健全育成事業の設備及び運営に関する基準とは、市町村が策定すべき放課後児童クラブの設備や運営に関する条例に関わる国の基準であり、放課後児童クラブの目的、機能、役割の他、放課後児童指導員の資格・員数、児童の集団の規模、設備、開所日数・時間等が定められている。この基準に基づき、放課後児童クラブ運営指針が局長通知として定められている。

【文献】

柏女霊峰（2018）『子ども家庭福祉論〔第5版〕』誠信書房
柏女霊峰（2017）「保育・子育て支援サービスの現状と今後の方向」『NHK社会福祉セミナー』2017年4～7月、NHK出版

第2章 平成期保育政策の経緯と到達点

1 規制改革への関わり

私が保育関係の制度改革に最初に携わったのは、1997（平成9）年10月に中央児童福祉審議会臨時委員（保育部会）に選任されたときでした。この時期の大きな出来事は、保育所をめぐる規制の緩和が始まったことでした。

厚生省が設置した保育問題検討会が報告書を提出したのは、その少し前の1994（平成6）年1月でした。報告書は、今後の保育所制度のあり方として、措置制度を堅持したうえでの拡充方式と措置入所と契約入所との併用方式の両論を併記しており、そのあり方に関する検討を今後の課題として先送りすることとなりました。したがって、同年末[1]に策定された緊急保育対策等5か年事業は、当面の体制の改革に踏み込まないまま、多様な保育ニーズに対応する施策の量的拡充を図るものでした。しかし、エンゼルプラン及び緊急保育対策等5か年事業には「……保育所制度の改善・見直しを含めた保育システムの多様化・弾力化を進める」との記述が見られており、この問題は今後の重要課題として認識されていたことを示しています。こうした動向のなか、1997（平成9）年に「児童福祉法等の一部を改正する法律が成立し、いわゆる「保育の実施方式[2]」の導入が決まりました。

その後、児童福祉施設最低基準の保育関係基準の緩和が始まりました。1998（平成10）年度から短時間勤務保育士（1日6時間または月20日未満勤務）の導入が認められ、短時間勤務保育士の配置の上限が保育士定数の2割までとされました。なお、2002（平成14）年度からは、この上限の規制が撤廃されました。また、1998（平成10）年度から、年度当初からの定員超過も認められるようになりました。この後も、人、設備等にまつわる多くの規制緩和によって、子どもが保育所等に詰め込まれることとなり、保育に混乱をもたらすことになっていきました。

これらの規制緩和事項は、主として、総合規制改革会議、地方分権推進会議等からの提案に基づき、議論が始まっていました。つまり、主として外部からの指摘、提案により審議会の俎《そ》上《じょう》に上がっていくことが多く、その意味では後追い、守りの姿勢が強かったと思います。私も、規制緩和の保育の質に対する影響について意見を述べましたが、明確なエビデンスの積み重ねがない状況ではどうにもならなかったように思います。今でも、明確なエビデンスの積み重ねは少ないように思っています。

2　保育所保育指針検討小委員会委員、保育士養成課程検討委員会委員

１９９８（平成10）年10月には、保育所保育指針検討小委員会委員（中央児童福祉審議会）として、保育所保育指針の改定案づくりに携わることとなりました。障害児保育や保護者支援については一定の経験と知見がありましたが、保育所保育の内容に接するのは初めての経験でした。そんな私に、網野武博氏や増田まゆみ氏がていねいに教えてくださいました。私は保護者支援、子育て支援の章を主として担当し、原案執筆にも携わりました。

保育指針が局長通知として発出されると、それを受けて、保育士養成課程改正が行われることとなりました。そのため、２０００（平成12）年９月には、厚生省保育士養成課程等検

討委員会委員を拝命し、養成課程の改訂案づくりを行いました。私が直接に関わった点は、「家族援助論」の創設と「社会福祉援助技術」の名称・内容変更に関わる部分でした。家庭を視野に入れた保育をめざし、そのためのスキルとしてソーシャルワークを入れた点が特徴となっています。保育の質の向上をめざす一方で、保育の規制緩和が進められていくことに違和感を持っていました。このことは、現在の保育改革の動向とも一致しています。

3 保育士資格の法定化

続いて私が深く関わったのは、保育士資格の法定化でした。保育士資格法定化は、第153回臨時国会に議員提案され、2001（平成13）年11月30日に制定公布された児童福祉法の一部を改正する法律に基づきます。保育士資格の法定化の契機として、認可外保育施設における乳幼児死亡事故やその事故を起こした認可外保育施設の所長による保育士資格の詐称問題がありました。保育士の名称独占規定がないことが、大きな課題として挙げられました。私が事件を受けて提出した新聞投稿記事が目にとまったのか、その後厚生省保育課から保育士資格の法定化について問い合わせがあり、その必要性を回答しました。

保育士資格の法定化にあたって、私は次の2点が重要と考えていました。第一は、独自の資格法が必要ということ。具体的には社会福祉士及び介護福祉士法に保育士を入れ、三軒長屋方式にして、社会福祉士及び介護福祉士並びに保育士法としてはどうかと考えていました。いわゆる保助看法方式です。児童福祉法のなかでの法定化では、保育士は子ども家庭福祉という狭い世界に閉じ込められることとなり、医療チームでの活躍やたとえば玩具店、子ども服売り場などで保育士として活躍することが制限されざるをえないと考えていました。第二は、介護福祉士と同様の法定化を考えていましたので、家族介護者に対する介護に関する指導業務にならって「児童の保護者に対する保育に関する指導」業務を追加することでした。それはソーシャルワークやカウンセリングとは別の専門性であり、ケアワーカーとしての親支援の業務を法定化のなかに入れることでした。

第一点目はあっさりと挫折しましたが、二点目は幸いなことに実現しました。「児童の保護者に対する保育に関する指導」業務の内容や特性、ソーシャルワークとの違いなどを文章化しながら、しばらくぶりで厚生省児童福祉専門官時代の仕事の仕方を思い出し、楽しかったことを記憶しています。保育士資格法定化後は、２００２(平成14)年度から全国で展開された厚生労働省の「新しい保育士のあり方に関する研修会」講師として、「新しい保育士のあり方」について講義を行っていきました。

この研修会で倫理綱領策定の必要性を訴えたこともあり、全国保育士会が、２００２（平成14）年９月に全国保育士会倫理綱領検討特別委員会を立ち上げ、私が委員長に就任しました。委員会では、前文と８か条の倫理綱領案を策定し、全国保育士会会員の意見を吸い上げつつ、２００３（平成15）年２月に、全国保育士会倫理綱領を策定しました。この倫理綱領は、同時に全国保育協議会が保育所の倫理綱領として採択し、さらに、倫理綱領ガイドブックも作成して現在に至っています。

4　総合施設の検討

その頃、並行して、社会保障審議会児童部会委員として、「就学前の保育・教育を一体として捉えた一貫した総合施設について（審議のまとめ）」づくりに携わることとなりました。報告書は、２００４（平成16）年12月に公表されました。これは、同年から検討を開始したいわゆる総合施設のあり方に関する合同部会の審議のまとめです。

この総合施設の議論は、２００５（平成17）年のいわゆる認定こども園法に結びついていくわけですが、これは、保育制度改革の一環であると同時に、子ども家庭福祉の世界に公的契約制度を持ち込む契機とすることに大きな意義がありました。認定こども園法により、子ども家庭福祉の世界に初めて公的契約制度が導入されたのであり、子ども家庭福祉にとっても、エポックメイキングな出来事であったと言えるでしょう。同じ年には、障害児通園施設の利用形態も、支援費制度として公的契約制度になることになりました。これらが、後の子ども・子育て支援制度につながっていくこととなります。社会福祉基礎構造改革の流れに乗りきれなかった子ども家庭福祉に、風穴を開けていく作業が始まりました。私は、このことを鎖国状態の日本に外国との通商の港が次々とできていく「明治維新前夜」と表現しました。子ども家庭福祉で譲れないところ、すなわち、子どもの最善の利益保障のための職権保護や司法との連携といった行政権力の行使システムは残しつつ、個人の尊厳と選択の保障といった権利保障システムは他の福祉制度にも学ぶべきと考えていました。その視点は、子ども・子育て支援制度でも大事にしています。

5　保育所保育指針等の改定と保育士養成課程改正

２００８（平成20）年の保育所保育指針改定に向け、２００６（平成18）年12月に厚生労働省・保育所保育指針改定に関する検討会委員を務めることとなりました。また、同時並行で、２００７（平成19）年９月厚生労働省・保育所保育指針改定に関する検討会ワーキンググループ委員、さらに、２００５（平成17）年10月から中央教育審議会専門委員（初等中等教育分科会、教育課程部会幼稚園専門部会）、２００６（平成18）年10月、文部科学省・幼稚園教育要領の改善等に関する調査研究会議委員などに一斉に関わることとなりました。こうして、保育所保育指針の改定と幼稚園教育要領の改訂に同時に携わることになったのです。

私は主として養護、福祉の側面から、指針・要領の整合性を図ることを意識しました。被虐待児童の発見と通告関係、障害児支援関係などです。また、別の検討会では幼稚園の地域子育て家庭支援にも関わることとなりましたが、文科省と厚労省のスタンスの違いに戸惑いも大きく感じました。ごく簡単に言えば、厚労省の視点は「寄り添い」であるのに対して文科省の視点は「教育的」でした。たとえば、「保護者の意向の受けとめ」という表現が保育所保育指針にはあっても幼稚園教育要領にはないことや、教育要領に見られる「保護者が子育てを楽しめるよう支援など……」などの教育的表現が代表的です。なお、２０１８（平成30）年度からの指針、要領の改定においては、より明確に福祉の視点から教育の視点への転換が図られました。

私にとって、２００８（平成20）年度施行の保育所保育指針の最大の関心は、保育士資格の法定化によって新たに保育士の業務として規定された「児童の保護者に対する保育に関する指導」業務（以下、「保育指導」）をどのように記載するかにあり、私は、第６章の具体的案の執筆を行うこととなりました。そこでは、保育指導業務を「保育士の専門性を生かした保護者支援」と規定し、ソーシャルワークやカウンセリングとは別の専門性とすることに意を用いました。そして、２００８（平成20）年度施行の保育所保育指針を受けた保育士養成課程の改訂において、「保育相談支援」を科目として入れるよう要望し実現しました。

しかし、それはいまだ十分に定着せず、２０１８（平成30）年の改定保育所保育指針にともなう保育士養成課程改訂においては、「保育相談支援」が科目名称から消え、ソーシャルワーカーの専門性である「相談援助」の科目も廃止されてしまいました。養成課程改訂における福祉的視点の弱体化は、児童福祉施設である保育所と幼保連携型認定こども園にとって、将来に禍根を残す決定と言えると思います。

6　幼児教育の無償化について

同時期に、政府の閣議決定「経済財政運営と構造改革に関する基本方針2006」において幼児教育の無償化検討が書き込まれたことを受け、2008（平成20）年5月に、文部科学省・今後の幼児教育の振興方策に関する研究会が創設されました。私も委員として参画することになりました。

1年後の2009（平成21）年5月に「幼児教育の無償化について」と題する中間報告がとりまとめられ、幼稚園、保育所等に通園する3～5歳児の保育料の無償化やその際の仕組みを提言しています。報告書を出した後は、諸事情でしばらくお蔵入りすることとなりましたが、この基本的な制度組み立ては、現在の幼児教育無償化に引き継がれているようです。

ちなみに、この中間報告は幼児教育の振興を中心に据えているため、無償化の範囲を幼稚園、保育所、認定こども園に限定し、入園料と保育料の全国的な平均額としています。支給方法についても提案されています。また、中間報告のため、食材費等の扱いについては触れられておらず、また、認可外保育施設や障害児通所支援については、別途、検討されるべきとしています。

なお、食材費を無償の範囲に含むか否かについてどのように考えるかは、保育は「福祉」なのか「教育」なのかの本質的議論であったかと思います。２０１９（令和元）年10月からのいわゆる「幼児教育・保育の無償化」においては、学校給食との整合性がより重視された結果、３歳以上児の食材費の実費負担が決まりました。この結果、保育料の無償化と引き換えに、３歳以上児の副食費の実費負担化が行われることとなりました。しかし、福祉制度として考えれば、児童養護施設などの社会的養護関係施設と同様、運営費に組み込んで応能負担とすることも考えられたはずです。幼い子どもの食は、教育そのものである、との考え方も成り立つからです。今後、乳幼児期の教育、福祉とは何かについて、本質的な議論が行われることが必要と感じています。

7　子ども・子育て新システムから子ども・子育て支援新制度へ

子ども・子育て支援制度創設の提言は、２００３（平成15）年８月に厚労省・次世代育成支援施策の在り方に関する研究会が公表した『社会連帯による次世代育成支援に向けて』が嚆矢《こうし》です。私も委員として参画し、大きな学びとなりました。サービス利用のあり方はともかく、こども保険や財源への関心など、子ども家庭福祉サービス供給体制のあり方を考える幅を広げる大きな転換期になりました。

この提言は、社会連帯の視点に基づく財源徴収の仕組みとしていたこともあり、その後の社会保険庁問題等の影響もあったのかしばらくは深く検討がなされないままになっていました。2007（平成19）年12月、厚労省は、それまでの検討を受け継ぎ、社会保障審議会に少子化対策特別部会を設置して、検討を始めることとなります。私も、この部会に参考人として呼ばれて意見陳述しました。

この検討について、私は、2009（平成21）年7月に、社会保障審議会少子化対策特別部会保育第一専門委員会専門委員として参画していくこととなりました。この委員会は、2009（平成21）年12月に事務局とりまとめである「議論のまとめ」で突然終わりを告げることとなりました。同年9月に民主党政権が誕生していたこともあり、新たな枠組みで検討していくことになったためと思われます。

そして、始まったのが、2010（平成22）年1月に立ち上げられた「子ども・子育て新システム検討会議」であり、同会議は６月には、少子化社会対策会議において「子ども・子育て支援新システム基本制度案要綱」を決定します。このときから、幼稚園が土俵に上がってくることとなったのです。

その後、舞台を内閣府に移した子ども・子育て新システム検討会議作業グループに設置された基本制度ワーキングチーム、幼保一体化ワーキングチーム、こども指針（仮称）ワーキングチームが２０１０（平成22）年９月から順次開催されていき、２０１２（平成24）年２月の子ども・子育て新システムに関する基本制度とりまとめに至ります。私は、「幼保一体化ワーキングチーム」に参画していました。

とりまとめは法案化されて国会に提出され、３党合意による国会修正を経て、政府提出案とはかなり異なったシステムを持つ子ども・子育て支援新制度として創設されました。子ども・子育て支援関連３法制立後は、内閣府に子ども・子育て会議が設置され、２０１３（平成25）年４月に内閣府・子ども・子育て会議委員として、私も参画していくこととなり現在に至っています。そのなかでの私の思いについては、折に触れて意見書を提出したり、発言をしたりしています。また、政策立案の現場を学生にも見てもらいたいと、子ども・子育て会議の動画視聴を求めています。

8 幼保連携型認定こども園教育・保育要領の策定

その途中、2013（平成25）年6月に厚生労働省社会保障審議会児童部会認定こども園保育専門委員会委員、2013（平成25）年8月には幼保連携型認定こども園保育要領（仮称）の策定等に関する調査研究協力者会議委員をそれぞれ務めることとなり、幼保連携型認定こども園教育・保育要領の策定に携わることとなります。しかし、要領並びにその解説書は、そのほとんどが事務方によって執筆され、幼稚園教育要領と保育所保育指針のいわば切り貼りのような形になってしまいました。幼保連携型認定こども園の創設により、わが国は幼保一元化に踏み出したわけであり、本来ならば、この要領にこそ力が注がれてもよかったのではないかと思います。

保育所保育指針、幼稚園教育要領が先行して作成され、幼保連携型認定こども園教育・保育要領がそれらの切り貼りで作成されるという方法は、2018（平成30）年度施行の幼保連携型認定こども園教育・保育要領、幼稚園教育要領、保育所保育指針においても踏襲され、こども園要領が主体となることはありませんでした。

9　共生社会の創出と保育

以上、平成期の保育制度改正の流れを、私の国の審議会・検討会経験から回顧録ふうに綴ってきました。事実関係の記述が中心となりましたが、平成期の保育政策の特徴は、良く言えば、社会の要請を受けた保育の一般化と多様化の推進であり、悪く言えば、量の確保のための施策と質の確保・向上のための施策との整合性の欠如と言えるように思います。そして、私は、そこに福祉の視点、すなわち、１００人のうちの１人にも目配りできるようにするための補完システムの整備、さらには、１００人のうちの99人が１人とともに社会を構成できるために必要なことを問い続けてきたように思います。それこそが社会連帯であり、共生社会の創出につながると思ってきたからです。

次の時代には、どのような動向と政策が待っているのでしょうか。「教育」の重視は、これまでの保育政策が創り上げようとしてきた礎の延長線上に位置づけられるのでしょうか。それとも、別の道を行く政策のスタートなのでしょうか。どのような方向に向かおうとも、社会連帯と共生社会の創出の視点だけは忘れてはならないと思っています。

【注】

1　筆者は1986（昭和51）年4月から当時の厚生省に奉職し、1994（平成6）年3月まで企画課に勤務した。したがって、エンゼルプランや緊急保育対策等5か年事業のとりまとめに着手した段階で、厚生省を辞している。

2　市町村が保育の実施義務を担い、市町村が保育所等に委託して、保護者と市町村の公的契約により保育を利用できるようにする方式。保護者は保育施設ではなく市町村に申し込み、保護者が市町村と契約して利用する仕組みになる。また、保育施設に対しては、保育の実施義務を担う市町村から委託費が支払われ、保育料の徴収も市町村が行うこととなる。

【文献】

柏女霊峰（2011）『子ども家庭福祉・保育の幕開け――緊急提言　平成期の改革はどうあるべきか』誠信書房
柏女霊峰（2015）『子ども・子育て支援制度を読み解く――その全体像と今後の課題』誠信書房
柏女霊峰（2017）『これからの子ども・子育て支援を考える――共生社会の創出をめざして』ミネルヴァ書房
柏女霊峰（近刊）『平成期の子ども家庭福祉――政策立案の内側からの証言』（仮題）生活書院

第3章 子ども・子育て支援制度創設後の保育

1 子ども・子育て支援制度の特徴と意義

子ども・子育て支援制度の見直しを論ずるには、まず、子ども・子育て支援制度が何を背景とし、何を目的として創設されたのかについておさらいしておかなければなりません。子ども・子育て支援制度の根幹は以下の4点であり、いわば育児への介護保険モデルの適用であり、かつ、従来からの懸案であった幼保一体化の推進であると言えます。

①保育需要の掘り起こし（保育の必要性の認定）

②保育需要に見合うサービス確保の仕組みの創設（認可制度改革、確認制度の創設）
③必要な財源の確保（消費税財源）
④幼保一体化できる仕組みの創設

本制度の淵源は、２０００（平成12）年の介護保険法施行並びに社会福祉法の制定・施行、すなわち、社会福祉基礎構造改革にさかのぼることができます。その年、高齢者福祉制度において介護保険制度が創設されました。また、障害者福祉制度において支援費制度が始まり、それは２００５（平成17）年の障害者自立支援法に基づく障害者施設等給付制度につながりました。

これらの動向を受け、子ども家庭福祉分野においても、狭義の公的責任論に基づく支援と社会連帯論に基づく子ども・子育て支援の両制度が必要とされ、２００３（平成15）年に厚生労働省検討会が、「社会連帯による次世代育成支援に向けて」と題する報告書を提案しました。これが、現在の子ども・子育て支援制度のもとになる提言[1]でした。

そして、紆余曲折を経て、その12年後の２０１５（平成27）年度から、子ども・子育て支援制度が創設されたのです。新制度においては、当時の民主党政権でマニフェストとされていた「教育」と「福祉」のシステム統合がめざされ、幼保一体化ができる仕組み[2]の創設として盛り込まれました。こうして、高齢者福祉、障害者福祉、子ども家庭福祉・保育の３分野それぞれに、狭義の公的福祉制度と利用者主権を重視する給付制度との併存システムが実現したことになります。これが本制度の根本的意義と考えることができます。

したがって、子ども・子育て支援制度は、いわゆる社会づくり政策としての福祉改革と人づくり政策としての教育改革の結節による所産と言えます。この制度の具体的背景は、①待機児童対策、②地域の子どもを親の事情で分断しない、親の生活状況が変化しても同じ施設に通えること、③幼児期の教育の振興、３歳以上の子どもに学校教育を保障、④全世代型社会保障の実現、の４点と言えます。そして、その根底を支える理念は、高齢者福祉や障害者福祉との関連で言えば、いわゆるソーシャル・インクルージョン（社会的包摂）でなければならないと思います。すべての子どもと子育て家庭が、切れ目のない支援を受けられる社会、乳幼児期から質の高い教育を受けることができる社会をめざすことを主眼としなければならないでしょう。しかし、まだまだ課題は多く、社会づくりはまだ始まったばかりであると言えます。

2　子ども・子育て支援制度の現状と保育

(1) 潜在利用層の顕在化がもたらす課題

子ども・子育て支援制度創設後の動向として、まず、最初に挙げられるのは、保育サービスの潜在的利用希望層が急激に顕在化してきたことです。このことは、介護保険制度や障害者支援費制度創設時でも同様の現象が生じており、ある程度は予想できたことですが、予想を超えて潜在需要が顕在化していることが、今日のいわゆる待機児童問題を深刻なものにしていると思われます。また、保育認定を受けても保育サービスを利用できない事態に利用者の怒りが爆発[3]したこともあり、政府は、ようやく待機児童問題解消に本腰を入れることとなりました。

このこと自体は、今まで声を上げられなかった層が権利を主張できるようになったことを示しており、本制度創設の意義にかなったことと言えるでしょう。課題は、こうした需要の表面化に供給が追いついていないことであり、また、こうした需要の急速な伸びを見誤ったことだと言わなければなりません。

また、子ども・子育て支援制度の創設が保育サービスの多用や、場合によって濫用を生む可能性があることは、制度創設前のシステム検討時から指摘されていました。私も、子ども・子育て新システム検討会議で介護保険制度や障害者支援費制度創設後の需要の急増について検討すべきという意見や、保育標準認定の最大利用時間に土曜日など勤務等に要する時間以外を含めることや保育短時間認定の保育料と標準時間認定の保育料の差を僅差にすることは、保育の濫用を生む可能性があるとの指摘をしてきました。しかし、それらの指摘は十分な議論がなされないままに、事業者の事情等にかき消されてきた感があります。今一度、こうした制度がもたらすインセンティヴについて、検討、評価を行うことが求められると思います。

⑵ 制度の歪みの是正と公定価格の課題

子ども・子育て支援制度の施行後４年を経て、それぞれの地域でさまざまな課題の指摘が出てきています。特に、待機児童の多い自治体が保育所に１号認定枠を設けることをためらい、幼保連携型認定こども園への認可替えが進まないといったことが起こっています。また、前述したとおり、短時間認定の保育料が標準時間認定の保育料基準とほとんど変わらないため、保護者が標準時間認定を選び、結果として保育サービスの濫用事態が起こりつつあることも指摘されています。さらに、保育サービスは多子減免があり1号認定にはないため、２号認定が選ばれやすくなっています。このような制度の歪みは、今後、修正されていかなければならないでしょう。土曜日利用の広がり[4]も見られているようです。

また、5年を1期とする子ども・子育て支援事業計画の中間年を迎えて経営実態調査が実施され、今後の課題として、公定価格のあり方が課題として浮かび上がってくることとなりました。いわゆる中小企業の利益率との整合性を考慮すべきといった議論や公定価格そのものの改定に向けた議論も、次期計画策定に向けた大きな論点となることでしょう。「本稿執筆現在、「２０１９年度幼稚園・保育所・認定こども園等の経営実態調査」が実施されており、その結果を踏まえた公定価格の議論に注目が集まるでしょう。

(3) 保育三元化

第三に、幼保連携型認定こども園の創設による幼保一体化の推進が、インセンティヴ不足もあって十分に進んでいないことが懸念されます。その結果、もともと幼保一元化をめざした子ども・子育て支援制度が、いわゆる保育三元化の事態を生み出しています。幼稚園の子ども・子育て支援制度への参入も緩やかであり、当初の目的であった「親の実情による切れ目のない支援」は、足踏み状態と言ってよいでしょう。こうした動向は、地域型保育事業や企業主導型保育事業等の創設等もあり、利用者の選択に資する半面、制度の複雑化に拍車をかけていると言ってよいでしょう。

幼保連携型認定こども園の創設は、わが国が幼保一元化に舵を切ったことを国の内外に示すことでもあり、現在の保育三元化の定着、都道府県格差は解消されていかなければならないと思います。自然の流れに任せるといったことではなく、事業者の認可替えを阻害する要因を取り除き、幼保連携型認定こども園への移行を促進する仕組み[5]にしていくことが必要とされるでしょう。

(4) 保育士のキャリアパス制度、処遇改善をめぐって

続いて、保育士、保育教諭の処遇改善制度における混乱について取り上げておかねばならないと思います。２０１７（平成29）年度、保育士の経験、研修受講を要件とする処遇改善が実施されることとなりましたが、これはキャリアパス制度の創設とそれに合わせた待遇改善として注目されましたが、できあがった制度は、厳密な意味でキャリアパスではありませ

んでした。一般財源化されている公設公営施設には適用されず、主任保育士を含め、新たに創設される副主任保育士や専門リーダー、職務分野別リーダーはいわゆる「保育士」のキャリアアップ資格ではなく、あくまで各法人が発令するものにすぎません。さらに、それらの保育士やリーダーが「保育士」資格保持者でなければならないという規定もありません。いわば、法人がキャリアパス・システムを採用する場合に、それを応援する仕組みでしかありません。

この制度を真のキャリアパスとするためには、保育における保育士のキャリアパスを法令にしっかりと規定しなければならないと思います。つまり、主任保育士が保育所に配置される専門職であり、かつ、「保育士」資格を有していなければならないと法令に規定することが必要とされます。そうすることで、公設公営保育所にも適用でき、保育士資格有資格者に限定することもできることとなります。

そもそも専門職としての「保育士」に関わるキャリアパス制度の創設と特定教育・保育施設職員の待遇改善や研修による質の向上とは別のシステム整備に関わることであり、それらを一緒にしてしまったことに混乱が生じた要因があると考えなければならないでしょう。また、法人が創設するキャリアパスに公的な研修受講を要件としてしまったことも、混乱を招いてしまっています。さらに、保育所に勤務する職名としての「保育士」と、専門職資格名である「保育士」とを混同してしまったことも、混乱を招いた一因であると言えるでしょう。制度の改善が必要とされます。

⑸ 企業主導型保育事業のあり方について

政府は企業主導型保育事業を創設し、それらにより、すでに７万人分の保育の受け皿整備を行い、今後、さらに整備を進めることとしています。設置自治体の多くは待機児童解消加速化計画策定自治体ですが、なかには待機児童がゼロの市町の設置もあり、その多くが地域枠の設定を行っています。

企業主導型保育事業は地域型保育事業と異なり、市町村の認可を要せず運営基準も適用されません。保育士は半数以上とされ、さらに、地方自治体の監督が及びにくい仕組みとなっています。本事業はもともと待機児童解消のための緊急やむをえない対策として創設されたものであり、このような事業が待機児童の存在しない自治体に広がっていくことは、保育の質を低下させる事態を招来する懸念があると思われます。

保育は養護と教育を一体として行う幼児期の教育活動であり、かつ、子どもの生命の保持と情緒の安定を図る営みです。そうした専門性の高い業務であるため、保育士という国家資格を持つ人材によって行われることとされているのです。それが、緊急事態とは言えない待機児童ゼロの自治体にまで広がっていくことが、果たして望ましいことなのでしょうか。この点は、今後の大きな論点となることでしょう。また、市町村計画との整合性確保や市町村関与の制度が検討されるべきでしょう。近年では、急激な増加により待機児童解消に資する反面、定員に大幅な空きのある施設、撤退する施設その他、質に課題のある施設なども出てきています。

このため、政府の企業主導型保育事業の円滑な実施に向けた検討委員会報告書（２０１９〈平成31〉年３月）は３年間の運営状況を再確認し、前述したとおり、２０１９（平成31）年度から、審査基準や運営基準の改正による新規参入や一部の類型における保育士配置基準の強化を求めることとなりました。また、監査体制の強化などが必要とされ、実施機関の公募も行われることとなっており、自治体との連携強化も必要とされています。

企業主導型保育事業所は、２０１８（平成30）年度末には４０００か所、入所定員８万人を超える規模になっていると考えられます。待機児童対策として、国が直轄で行う機動性と、質の維持・向上策との整合性の確保が求められるところです。また、制度の存否も含め、今後のあり方についても戦略的な検討が求められると思います。

【注】

1　この提言は社会保険方式の創設を提言し、かつ、幼保一体化は盛り込まれておらず、厚生労働省管轄のサービスのみを対象としていた。つまり、高齢者福祉、障害者福祉の子ども家庭福祉版、なかでも、待機児童対策としての保育サービスの普遍化を目的としていたと言える。

2　この仕組みについては、政府提案の法案においては保育所は一部を除いてほぼすべて総合こども園に認可替えすることになっていたが、いわゆる3党合意に基づく国会修正のなかで、幼保連携型認定こども園への認可替えは任意とされた経緯がある。

3　社会のありようや子どもと子育て家庭を包む環境は、ときとして、子ども家庭福祉の変革を導き出す大きなエネルギーとなる。たとえば、２０１０（平成22）年12月からのいわゆるタイガーマスク運動や２０１６（平成28）年の「保育園落ちた。日本死ね！」の匿名ブログが国会や政府を動かし、社会的養護や保育政策を大きく進めたことなどが記憶に新しい。

4　内閣府第41回子ども・子育て会議（平成31年1月）に政府が提出した「保育所等の運営実態に関する調査結果〈速報〉」によると、土曜日の保育所利用児童は平日利用児童の32・5％であり、地域間格差や公私間格差が指摘されていることから見ると、その幅はかなり大きいことが想定される。保育標準時間認定が1日11時間、週6日を上限としていることをどのように考えるか、今後、論議が必要であろう。

5　そういう意味では、今回の指針・要領改定においては、まず、幼保連携型認定こども園教育・保育要領が先に検討されてしかるべきであった。また、今後は、幼保連携型認定こども園という「保育所」と「幼稚園」がメインであることを前提とする名称の変更も必要とされる。

【文献】

柏女霊峰（２０１６）「認定こども園の未来」吉田正幸監修・特定非営利活動法人全国認定こども園協会編著『ＮＥＷ認定こども園の未来――保育の新たな地平へ』

柏女霊峰（２０１１）『子ども家庭福祉・保育の幕開け――緊急提言　平成期の改革はどうあるべきか』誠信書房

柏女霊峰（２０１５）『子ども・子育て支援制度を読み解く――その全体像と今後の課題』誠信書房

柏女霊峰（２０１７）『これからの子ども・子育て支援を考える――共生社会の創出をめざして』ミネルヴァ書房

柏女霊峰（２０１８）『子ども家庭福祉論［第５版］』誠信書房

第4章 保育に関連するその他の施策と保育に求められる視点

1 保育に影響を与える新たな政策

子ども・子育て支援制度創設にともなう課題に加え、その対処のため矢継ぎ早に進められている政策も、子ども・子育て支援制度のゆくえに大きく影響してきます。

(1) 待機児童対策並びに幼児教育の無償化等

まず、第一に、待機児童対策を主眼として、物的、人的規制緩和や企業主導型保育事業の創設等保育サービスの量的拡充を中心とする政策が進み、質の低下を懸念させる事態が起こっています。また、その一方で、三指針・要領の改定、特定教育・保育施設におけるキャリアパスの整備と待遇向上など、保育の質の向上をめざす施策も進められています。

しかしながら、保育の質の向上を担う保育人材の規制緩和への対処が示されない、キャリアパスが法令並びに指針や要領に規定されていないなど、指針・要領の実質化に懸念をもたらす事態も生じています。また、いわゆる幼児教育センターのモデル事業である「幼児教育の推進体制構築事業」がいわゆる幼稚園の教育課程における幼児教育の振興が主眼[1]となり、保育所や幼保連携型認定こども園における1日の流れを通した教育や3歳未満児の教育が十分に意識されていない点も懸念が残ります。こうした研究や研修をもとにして、いわゆる4時間の教育が幼児教育アドバイザーの派遣と指導によって進められていけば、保育所等における0歳児からの1日の流れを通した教育がいわゆる教育と保育とに分断されてしまうという危惧を拭い去ることができません。

また、2017（平成29）年12月8日に閣議決定された「新しい経済政策パッケージ」も大きな影響を与えることとなります。具体的には、待機児童解消に向けた「子育て安心プラン」の2年前倒し、そのために必要とされる保育人材確保のための処遇改善、幼児教育・保育の無償化[2]（3～5歳は無償化、0～2歳は低所得者のみ無償化）などが進められていくこととなります。これらは、潜在的保育ニーズの顕在化をさらに加速させ、待機児童解消に向けた32万人の保育供給ではおさまらない量の保育ニーズを顕在化させることにつながりかねません。

本稿執筆現在、２０１９年10月からの幼児教育・保育無償化のための子ども・子育て支援法一部改正法案が国会で論議されています。その概要は**図２**のとおりであり、子ども・子育て支援法施行令の改正による無償化に加え、「子育てのための施設等利用給付」が創設されることとなります。詳細は省略しますが、今後、自治体によっては、食材費の保護者からの徴収事務などが新たに発生する場合があります。その場合、食材費徴収限度額以下の収入世帯の把握など個人情報に関わる部分も多く、自治体との連携が求められるところです。また、食材費については、自治体単独補助（食材費相当分の助成など）が行われる場合もあり、さらには、食材費徴収の説明責任や未収金の徴収も事業者に任されると混乱が生ずる可能性もあります。

幼児教育の無償化は全世代型社会保障実現の視点から望ましいと言えますが、無償化に関する事務については、今後、副食費の徴収事務などをめぐって相当な混乱が起こる可能性もあり、国と自治体によるていねいな制度設計と保護者、事業者に対する説明が求められると

図２　子ども・子育て支援法の一部を改正する法律案の概要

我が国における急速な少子化の進行並びに幼児期の教育及び保育の重要性に鑑み、総合的な少子化対策を推進する一環として、子育てを行う家庭の経済的負担の軽減を図るため、市町村の確認を受けた幼児期の教育及び保育等を行う施設等の利用に関する給付制度を創設する等の措置を講ずる。

概要

１．基本理念

子ども・子育て支援の内容及び水準について、全ての子供が健やかに成長するように支援するものであって、良質かつ適切なものであることに加え、子供の保護者の経済的負担の軽減に適切に配慮されたものとする旨を基本理念に追加する。

※ 既に現行法に基づく個人給付の対象となっている認定こども園、幼稚園、保育所等については、子ども・子育て支援法施行令（平成26年政令第213号）を改正し、利用者負担を無償化する措置を講じる。

※ 就学前の障害児の発達支援についても、児童福祉法施行令（昭和23年政令第74号）を改正し、利用者負担を無償化する措置を講じる。

２．子育てのための施設等利用給付の創設

（１）対象施設等を利用した際に要する費用の支給

市町村は、①の対象施設等を②の支給要件を満たした子供が利用した際に要する費用を支給する。

①対象施設等

子どものための教育・保育給付の対象外である幼稚園、特別支援学校の幼稚部、認可外保育施設（※）、預かり保育事業、一時預かり事業、病児保育事業、子育て援助活動支援事業であって、市町村の確認を受けたものを対象とする。

※ 認可外保育施設については、児童福祉法（昭和22年法律第164号）に基づく届出がされ、国が定める基準を満たすものに限るが、5年間は届出のみで足りる経過措置を設ける（経過措置期間内において、市町村が条例により基準を定める場合、対象施設をその基準を満たす施設にできることとする）。

②支給要件　以下のいずれかに該当する子供であって市町村の認定を受けたものを対象とする。

- ３歳から５歳まで（小学校就学前まで）の子供
- ０歳から２歳までの住民税非課税世帯の子供であって、保育の必要性がある子供

（２）費用負担

- 本給付に要する費用は、原則、国が２分の１、都道府県が４分の１、市町村が４分の１を負担する。

※ 平成31年度に限り、地方負担部分について全額国費により補填するため、必要な規定を設ける。

（３）その他

- 市町村が適正な給付を行うため、対象施設等を確認し、必要に応じ報告等を求めることができる規定を設ける。
- 差押え、公租公課の禁止、給付を受ける権利に係る時効等の規定を設ける。
- 特別会計に関する法律（平成19年法律第23号）等の関係法律について、所要の改正を行うとともに、経過措置について定める。

施行期日

平成３１年１０月１日　（一部の規定については、公布の日から施行）

出所：内閣府（2019）

思います。なお、無償化と待機児童対策は別次元の政策であり、無償化によって待機児童解消が遅れることはあってはならないと思っています。

⑵ 保育の質の向上策をめぐって

その一方で、子ども・子育て支援制度創設時に約束された保育の質の向上策に必要とされる財源の確保は十分ではなく、保育士配置基準の拡充[3]などの質の向上策は実施のめどすら立っていない状況です。市町村子ども・子育て支援事業計画や都道府県子ども・子育て支援事業支援計画の第２期計画では、こうした課題への対応が求められることとなり、国としての対応が必要とされます。

なお、改正保育所保育指針等が２０１８（平成30）年度から施行されるにともない、２０１９（平成31）年度入学生から保育士養成課程も改正されます。このなかでは「保育相談支援」の科目が「子育て支援」に変更される他、「相談援助」科目もなくなるなど、保育士が有する保護者支援の専門性や福祉的視点が弱体化する懸念があります。

このことについて、私は第33回子ども・子育て会議で、「保育士の専門性を生かした保護者支援である『保育相談支援』が子育て支援という名称の科目に統合されようとしているが、保育士の専門性を生かした保護者支援のスキル体系である保育相談支援をソーシャルワークやカウンセリングと同様の技術として教授していくことは、保育士の専門性にとって自殺行為。統合するとしても、保育相談支援というスキル体系はなくすべきでない」との趣旨の発言を行いました。その後、「子育て支援」のシラバス案が修正され、「保育相談支援」の用語が残ったことは救いでした。しかし、「保育相談支援」の科目名称の消失に加えて「相談援助」の消失ないし「社会福祉」への統合は、いわゆる保育施設における「保育ソーシャルワーク」の位置づけを失うことにもつながり、再考すべきとの思いを抱かざるを得ません。

2 その他の政策動向と保育

子ども・子育て支援制度は、保育サービスを中心としつつも、子育て支援その他の政策を包含しています。保育に影響を与えるそれ以外の政策動向として、以下のことを挙げることができます。

(1) 子どもの貧困対策の推進に関する法律

２０１４（平成26）年1月に施行された子どもの貧困対策の推進に関する法律に基づく「子供の貧困対策に関する大綱」の視点を、市町村や都道府県の子ども・子育て支援事業計画（市町村）、同事業支援計画（都道府県）に盛り込んでいくことは、切れ目のない支援を進めていくうえで欠くことのできないことと思います。生活保護世帯、生活困窮者世帯、ひとり親世帯の子どもたちの他、社会的養護の下で生活する子どもに対する教育支援、生活支援、保護者に対する就労支援、経済的支援などを視野に入れていくことが必要とされるでしょう。

(2) 市区町村子ども家庭総合支援拠点と子育て世代包括支援センター、利用者支援事業

子ども家庭福祉分野における地域包括的支援体制の確立も、大きな課題の1つです。

２０１６（平成28）年改正児童福祉法において「市区町村子ども家庭総合支援拠点」の整備が市区町村の努力義務とされ、同法にともなう改正母子保健法において母子健康包括支援センター（子育て世代包括支援センター）が法定化されたことは、国庫補助事業である利用者支援事業も含めて、子ども家庭福祉分野における地域包括的・継続的支援[4]の可能性を示唆するも

のとして、高く評価されるべきと思います。今後は、この3つの包括的支援拠点の整理がなされ、全国展開へと結びつけていく必要があるでしょう。

(3) 社会的養育ビジョン

2017（平成29）年8月、厚生労働省に設置された検討会が「新しい社会的養育ビジョン」と題する報告書を提出しました。報告書は、①市区町村を中心とした支援体制の構築、②児童相談所の機能強化と一時保護改革、③代替養育における「家庭と同様の養育環境」原則に関して、乳幼児期から段階を踏みながら徹底化、家庭養育が不適当な子どもへの施設養育の小規模化・地域分散化・高機能化、④パーマネンシー保障の徹底、⑤代替養育や集中的在宅ケアを受けた子どもの自立支援の徹底、などを時限を区切ってめざすものです。

なかでも、就学前の子どもはおおむね7年以内に里親委託率75％を達成し、学童期はおおむね10年以内をめどに里親委託率50％以上を実現するという数値目標は、これまでの数値目標を大きく上回るものと、関係者に衝撃をもって受け止められています。これに基づけば、今後、施設の役割は大きく変質することが予想され、在宅サービスのあり方も大きく変わることが予想されます。そういう意味では、「ビジョン」を「制度」や「具体的援助」に落とし込むプロセスに注目が必要とされます。社会的養育推進計画の策定要領が２０１８（平成30）年７月に発出され、現在、都道府県・指定都市において計画づくりが進められています。ていねいな議論により幅広い関係者の合意を図りつつ、関係者が一丸となって改革を進められるよう願い、私自身も計画づくりに携わっていきたいと思っています。

⑷ 児童虐待防止対策の強化に向けた緊急総合対策

増加する子ども虐待に対し、子どもの命がこれ以上失われることがないよう、国・自治体・関係機関が一体となって取り組む「児童虐待防止対策の強化に向けた緊急総合対策」が、２０１８（平成30）年７月に、児童虐待防止対策に関する関係閣僚会議によって決定されました。そのなかで、２０１６（平成28）年度から２０１９（平成31）年度までの児童相談所強化プランを前倒しする他、新たに市町村の体制強化を盛り込んだ２０１９（平成31）年度から２０２２年度までを期間とする「児童虐待防止対策体制総合強化プラン」（新プラン）も策定されました。

その骨子は、児童相談所の一層の体制強化を図るため、児童福祉司の増員を図る他、里親養育支援のための児童福祉司、市町村支援のための児童福祉司を配置すること、児童心理司、保健師、弁護士配置の強化、一時保護所の職員体制の強化を図ることです。また、市町村の体制強化として、市区町村子ども家庭総合支援拠点の設置促進、要保護児童対策地域協議会の機能強化も図られることとなり、市町村における包括的支援の強化と都道府県児童相談所との連携強化による切れ目のない支援が求められていると思います。なお、現在、児童虐待防止策の一層の強化を図る児童福祉法、いわゆる児童虐待防止法等の一部改正案の国会審議が進められています。児童福祉法等一部改正法案によると、保護者や児童福祉施設長による体罰の禁止規定の創設の他、児童相談所における支援と介入職員の分離や弁護士、医師等の配置強化などの体制強化や児童相談所の設置促進、関係機関との連携強化がめざされています。また、民法に定める親の子に対する懲戒権のあり方について2年をめどに検討することとされ、子ども家庭福祉分野における専門職の資格のあり方に関しても、施行後1年を目途に検討することとされています。

なお、保育所、幼保連携型認定こども園といった児童福祉施設長体罰禁止規定の創設は、これまでの法令による懲戒権の濫用禁止規定を変更したものであり、実質的に大きな変更はないと言えます。今後、体罰の具体的内容などが検討されていくことになると思います。

(5) 放課後児童クラブの拡充

子ども・子育て支援制度が介護保険制度と同様、保育サービス利用者の潜在ニーズを大きく掘り起こしたことは、就学後に利用することとなる放課後児童クラブのニーズの拡大に火をつけることとなりました。今後、放課後児童クラブに対するニーズは拡大の一途をたどることが予想され、量的拡充と質の維持・向上をめぐってさまざまな論議が展開されることとなるでしょう。

放課後児童クラブを含めた子どもの放課後生活保障のあり方が、問われてくることになると思います。今のうちに、児童厚生施設や放課後子供教室、プレイパークなどの子どもの放課後生活保障の原理や体系を固めておかないと、保育の量整備以上の混乱を引き起こす可能性があるでしょう。すでに、放課後児童クラブの設備運営基準に関する規制緩和[5]も閣議決定されており、クラブの質に関する懸念も広がっています。

こうした事態に対応し、社会保障審議会児童部会放課後児童対策に関する専門委員会は、２０１８（平成30）年7月に「総合的な放課後児童対策に向けて」と題する中間とりまとめを公表しています。報告書は、子どもたちの放課後生活保障の重要性とその理念についても議論し、以下の方向性を提示しています。

①児童の権利に関する条約と改正児童福祉法の理念を踏まえた子どもの主体性を尊重した育成
②子どもの「生きる力」の育成
③地域共生社会を創出することのできる子どもの育成

そのうえで、子どもが育つ場が地域に幅広く用意される必要があり、総合的な放課後対策の展開が必要と提言しています。これらは子どもの放課後対策のみならず、すべての分野における子どもの育成理念として重要であり、今後の羅針盤としても活用すべきと思います。

なお、２０１８（平成30）年９月には、２０１９年度から５年間の計画である新・放課後子ども総合プランが政府により策定されています。これは、２０１９（平成31）年度から２０２１（令和３）年度までの３年間に25万人分の放課後児童クラブを整備し、その後の２年間でさらに、５万人分上乗せして、総整備数を１５２万人分とする計画です。その方法として、放課後子供教室との一体的実施を１万か所にすることをはじめ、新整備クラブの80％

を小学校内実施とするものです。このことは、子どもの放課後生活が学校教育も含めて学校内で完結する政策とも言え、地域の人々との交流の確保等の政策とセットにしなければ、子どもの育成に懸念を抱かせるものであると言えます。

(6) 障害児福祉計画

２０１６（平成28）年改正障害者総合支援法・児童福祉法により、２０１８（平成30）年度から３年を１期とする第１期障害児福祉計画の策定が自治体に義務づけられました。計画の策定指針には、障害児支援に固有の施設・事業のみならず、子ども・子育て支援制度下の特定教育・保育施設等における障害児の受入れに関する計画策定も求められており、障害児の地域生活支援に関する視点が重要視されています。いわゆる障害者差別解消法の施行も、これに拍車をかけることとなります。この結果、子ども・子育て支援制度に関わる第２期計画の策定にあたって、障害児支援制度との関係整理は重要な論点になると考えられます。

これからの障害児支援の基本は、子どもたちにあたりまえの生活を保障することにあります。そのためには、障害児が地域の身近なところで生活を営むことができるよう支援していくことが必要とされています。つまり、今後の障害児支援施策は、以下の４つの次元で充実されなければならないでしょう。

①子ども・子育て支援制度における障害児支援の充実（合理的配慮を含む）
②子ども・子育て支援制度から障害児固有の支援サービスへのつなぎの充実
③子ども・子育て支援制度の各施策に対する障害児支援施策による後方支援の充実
④障害児に固有の支援施策の充実

(7) 新福祉ビジョン

２０１５（平成27）年９月、厚生労働省の新たな福祉サービスのシステム等のあり方検討プロジェクトチームが、「誰もが支え合う地域の構築に向けた福祉サービスの実現――新たな時代に対応した福祉の提供ビジョン」と題する報告書を公表しました。これは「新福祉ビジョン」と呼ばれ、人口減少社会を視野に新しい地域包括支援体制の確立をめざす提言です。具体的には、地域において高齢、障害、児童等分野横断的な総合的な支援を提供することとし、そのための分野横断的な共生型サービスの創設や総合的な人材の育成・確保をめざすビジョンです。

２０１７（平成29）年の介護保険法や社会福祉法等の一部改正法により、高齢や障害分野において先取りが進められています。子ども家庭福祉分野においても、障害児支援分野においても共生型サービスの創設が図られており、地域子育て支援拠点や利用者支援事業には、高齢者福祉や障害者福祉も含めたワンストップ相談機能に関する規定が設けられています。

なお、新福祉ビジョンは保育士、介護福祉士、社会福祉士、看護師等の対人援助専門職の共通資格課程の導入に向けた検討も求めています。一方で、保育士については幼稚園教諭との資格・免許の併有化が進められています。社会的養護や放課後児童クラブにおける子どもの育成支援を担う人材といったチャイルド・ケアワーカーとして専門性も求められており、今後、保育士資格をめぐって、福祉職か教育職かといった検討が始まることも懸念されます。

本稿執筆現在、国会上程中の児童福祉法等一部改正法案によると、子ども家庭福祉分野における専門職の資格のあり方に関して、施行後1年をめどに検討することとされています。施行は２０２０年4月が予定されていますので、2年後ということになります。

私は、子ども家庭福祉分野のソーシャルワーカーを社会福祉士から分離して資格化するという一部の考えには、人口減少時代における地域包括的支援を進める必要性から反対です。しかし、このことを契機に、保育士資格を就学前教育職である保育教諭と、18歳未満の子どものケアワーク専門職である養育福祉士（仮称）とに分割し、国家資格化することは、検討に値するのではないかと思っています。このように、専門職の資格化については、現実をつぶさに分析し、地に足の着いた議論が必要と思います。

3　子ども・子育て支援制度と社会づくりの視点

子ども・子育て支援制度が創設されて4年が過ぎ、第1期計画の中間見直しも行われました。2018（平成30）年5月22日に開催された第35回子ども・子育て会議においては、制度創設5年後の見直しに関わる検討事項、たとえば、5年間で経過措置の期限が到来する項目や制度の問題点の是正に関する要望項目などが示されています。第2期計画策定のための国の指針の見直しも検討されています。また、公定価格のあり方の検討も、今後の課題の1つです。こうした制度発足5年後の見直し、つまり、第2期計画の策定作業が本格的に始まっています。そのときには、以上述べてきた子ども・子育て支援制度の課題や新しい政策動向、さらには周辺分野の政策動向に大きく目配りすることが求められるでしょう。その際に必要とされるのは、子ども・子育て支援制度に社会づくりの視点を明確に入れていくことだと思います。

子ども・子育て支援制度の創設は、前述したとおり、利用者主体の視点や当事者の権利性を重視した仕組みの導入であると言えます。子ども・子育て支援法は、その理念について、「子ども・子育て支援は、父母その他の保護者が子育てについての第一義的責任を有するという基本的認識の下に、家庭、学校、地域、職域その他の社会のあらゆる分野における全ての構成員が、各々の役割を果たすとともに、相互に協力して行われなければならない」（第2条）と述べており、社会全体での子ども・子育て支援を強調しています。児童福祉法は子ども・子育てに対する国及び地方公共団体、つまり「公」による責務を強調しており、児童福祉法と子ども・子育て支援法が相まって、子ども・子育て支援施策が推進されると考えられるのです。これに、教育基本法、学校教育法、いわゆる認定こども園法等の人づくり政策を担う教育関係法が関わってきます。保育サービスの適切な展開には、こうした3視点の整合性の確保が重要と思います。

すなわち、保育サービスの提供にあたっては、公的責任において対応すべき事例、すなわち、虐待や貧困、障害などについては第一優先順位としてチームによる最大限の配慮をもって保育し、それ以外の場合は、施設の内外に社会連帯に基づく共生社会が創出されるような保育をめざしていくこととなります。

また、一人ひとりの子どもの尊厳を大切にし、一人ひとりの子どもが今このときを主体的に生き生きと過ごすことをめざし、一人ひとりの可能性が最大限に発揮できるよう側面的に支援し、またそうした子どもたちに寄り添うことを大切にする保育が求められているのだと思います。主体的に遊び、主体的に生活する子どもは、保育者に支えられながらそこに起こる葛藤やその克服を通じて他者にもその権利があることを認識できるようになり、そんな他者とともに生きることに喜びを見出すことができるようになっていきます。それが、福祉の視点から見た保育、共生社会をもたらす保育ということになるのではないかと思います。

4　保育制度改革の理念

社会の複雑化とともに、子ども・子育て問題は複合化してきています。複合化する子ども・子育て問題の解決を志向する理念は、やはり複合的に考えなければならないでしょう。これまでの子どもの最善の利益を図る「公的責任」論のみでは、子ども・子育て支援の理念、原理を説明することはできません。それを補完する原理の1つが「社会連帯」であり、

２０１５（平成27）年度から創設されている子ども・子育て支援制度がその具現化されたシステムであると言えるでしょう。

子ども家庭福祉において、子どもの最善の利益を図る公的責任は必須でしょう。そのことは、近年の子ども虐待問題の深刻さを見れば明らかです。しかし、その一方で、公的責任のみが重視されることは、人と人とのつながり、社会連帯の希薄化をますます助長することとなり、その結果、公的責任の範囲は限りなく拡大していくこととなります。また、公的責任の下に置かれている子どもの存在を、社会全体の問題として考える素地を奪ってしまうことにもつながります。

これからの子ども家庭福祉、保育の理念は、「子どもの権利保障」と「地域子育て家庭支援」を根幹に据えながら、「子どもの最善の利益を図る公的責任」の視点と、「社会福祉における利用者主権、サービスの普遍性」確保の視点、「社会連帯による次世代育成支援」すなわち、つながりの再構築という視点の３つを整合化させるという困難な課題に立ち向かっていかなければならないのだと思います。ここに、「教育」という人づくり政策はどのように関わってくるのでしょうか。

第２期子ども・子育て支援事業計画策定時には、こうした社会づくりと人づくりを統合させる議論がなされなければならないと思います。子ども・子育てのウエルビーイング[6]は、福祉と教育を統合する実践と議論を求めているのです。

【注】

1　要綱等においては、いわゆる幼児教育センター事業は保育所、認定こども園、幼稚園といった幼児教育施設すべてを対象としているが、実際には、幼児教育センター事業の所管は教育委員会がほぼすべてであり、幼稚園における幼児教育がそのモデルとなっているところが多いことは指摘しておかなければならない。ちなみに、石川県では幼保連携型認定こども園を幼児期の教育のモデルとし、0歳児からの幼児期の教育のつながりをめざす観点から健康福祉部が所管し、教育委員会の協力の下、事業を進めている。

2　認定こども園、幼稚園、保育所等については、子ども・子育て支援法施行令の改正並びに子育てのための施設等利用給付の創設により、利用者負担を無償化ないし軽減する措置を講じることとし、就学前の障害児の発達支援についても、児童福祉法施行令を改正し、利用者負担を無償化する措置を講じる制度改正が進められている。支給要件は、市町村の認定を受けた以下の要件を満たすものを対象とする。3歳から5歳まで（小学校就学前まで）の子ども・0歳から2歳までの住民税非課税世帯の子どもであって、保育の必要性がある子ども。なお、費用負担並びに本給付に要する費用は、原則、国が2分の1、都道府県が4分の1、市町村が4分の1を負担する。ただし、２０１９（平成31）年度に限り、地方負担部分について全額国費により補塡される。

3　内閣府子ども・子育て新システム検討会議や子ども・子育て会議においては、当時、新制度創設により、保育施設の保育士配置基準について1歳児は5対1、4歳児は25対1とすることなどが議論されていた。

4
子ども家庭福祉分野の「地域における包括的・継続的支援（『地域包括的・継続的支援』）」の筆者による定義は、以下のとおりである。

「子ども家庭福祉分野における地域包括的・継続的支援体制とは、市町村域ないしは市内のいくつかの区域を基盤として、子どもの成長段階や問題によって制度間の切れ目の多い子ども家庭福祉問題に、多機関・多職種連携により包括的で継続的な支援を行い、問題の解決をめざすシステムづくりとそのシステムを用いた具体的支援の体系をいう」

5
２０１８(平成30）年12月25日、政府は「平成30年の地方からの提案等に関する対応方針」を閣議決定し、放課後児童クラブに従事する者及びその員数に関わる「従うべき基準」をそのまま「参酌すべき基準」とすることを、条件つきで決定した。すなわち、前述の基準を「従うべき基準」つまり、自治体が制定する条例の内容を直接的に拘束する基準から、「参酌すべき基準」つまり、自治体が十分参酌した結果であれば、地域の実情に応じて、異なる内容を定めることが許容される基準に緩和することとした。施行は、改正児童福祉法施行後である。

6
ウエルビーイング（well-being）とは、世界保健機関（ＷＨＯ）憲章において「身体的、精神的、社会的に良好な状態にあること」を意味する概念である。子ども家庭福祉においては、個人の権利保障や自己実現をめざす目的概念として用いられている。

【文献】

網野武博（２００２）『児童福祉学――〈子ども主体〉への学際的アプローチ』中央法規出版
柏女霊峰（２０１１）『子ども家庭福祉・保育の幕開け――緊急提言　平成期の改革はどうあるべきか』

誠信書房
柏女霊峰（２０１５）『子ども・子育て支援制度を読み解く――その全体像と今後の課題』誠信書房
柏女霊峰（２０１７）『これからの子ども・子育て支援を考える――共生社会の創出をめざして』ミネルヴァ書房
柏女霊峰（２０１８）『子ども家庭福祉論〔第５版〕』誠信書房
柏女霊峰・橋本真紀（２００８）『保育者の保護者支援――保育指導の原理と技術』フレーベル館
柏女霊峰・橋本真紀・西村真実・高山静子・山川美恵子・小清水奈央（２００９）「保育指導技術の体系化に関する研究」こども未来財団
山縣文治（２００２）『現代保育論』ミネルヴァ書房

第5章 保育新時代に向けて

1 第2期子ども・子育て支援事業計画検討のキックオフ

２０１８（平成30）年7月30日、内閣府の第36回子ども・子育て会議が開催され、この間、委員に対して募集が進められた「子ども・子育て支援新制度施行後5年の見直しに当たり検討が必要な事項についてのご意見」が公表されました。いよいよ、第2期子ども・子育て支援制度に向けての会議が、本格的に始まりました。ほぼすべての委員が意見書を提出しましたが、多くの意見は、本制度第1期施行後に見えてきた制度の歪みや不備、改善点などに集中したようです。

これらの意見を受け、子ども・子育て会議では、まず、5年後の見直し内容として、経過措置を続ける事項と終了する事項についての議論が行われました。結果的に、経過措置を続ける事項は、幼保連携型認定子ども園における①保育教諭等の資格特例（5年間延長）、②保健師、看護師、准看護師のみなし保育教諭（5年間延長）、③地域型保育事業における食事の提供に係る経過措置について、④自宅以外の場所における家庭的保育事業（5年間延長）などになりました。

これらについては、人材確保が困難になっている部分を中心に、経過措置が続けられるようになったとの印象があります。各事項について全国調査を行ったうえで、混乱が生じないようやむを得ない措置として継続が行われており、現状では妥当と考えられます。しかし、経過措置はあくまで経過措置であり、本来は、経過措置廃止のためのインセンティヴ（意欲刺激）が働くように政策を進めていくことが必要とされるでしょう。特に、保育教諭養成の動きを速め、実習基準や第三者評価基準の制定など幼保連携型認定こども園に一元化する政策を進めていくことが必要と思います。

一方、私は、制度の根幹に関わる事項を中心として意見を提示しました。その前提として、私は第35回子ども・子育て会議において、見直しの視点について以下の主旨の発言をしています。

「子ども・子育て支援制度創設の背景を忘れず、それを団子の串として通してほしい。背景は、⑴待機児童対策に資するものであること、⑵地域の子どもを親の事情で分断しない、親の生活状況が変化しても子どもは同じ施設に引き続き通えること、⑶幼児期の教育の振興、⑷高齢者中心型社会保障から全世代型社会保障への転換、の４点である。その根底に、社会的包摂、つまり、『切れ目のない支援』という視点を通しておいてほしい」

ここでは、こうした視点から、子ども・子育て支援制度の今後の課題について論じたいと思います。

2　労働政策と保育政策との整合性の確保に関する検討

私は以前から、年金・医療・介護を支える橋桁を維持するための「少子化対策」ではなく、「育児」を社会保障に組み込み、年金・医療・介護・育児という四つ葉のクローバー（図３）の社会保障政策が、人の一生を包括的に支える仕組みの創造につながると主張してきました。子ども・子育て支援制度の創設はまさにその第一歩であり、大きな成果だと思います。しか

図３　社会保障の将来像――四つ葉のクローバー

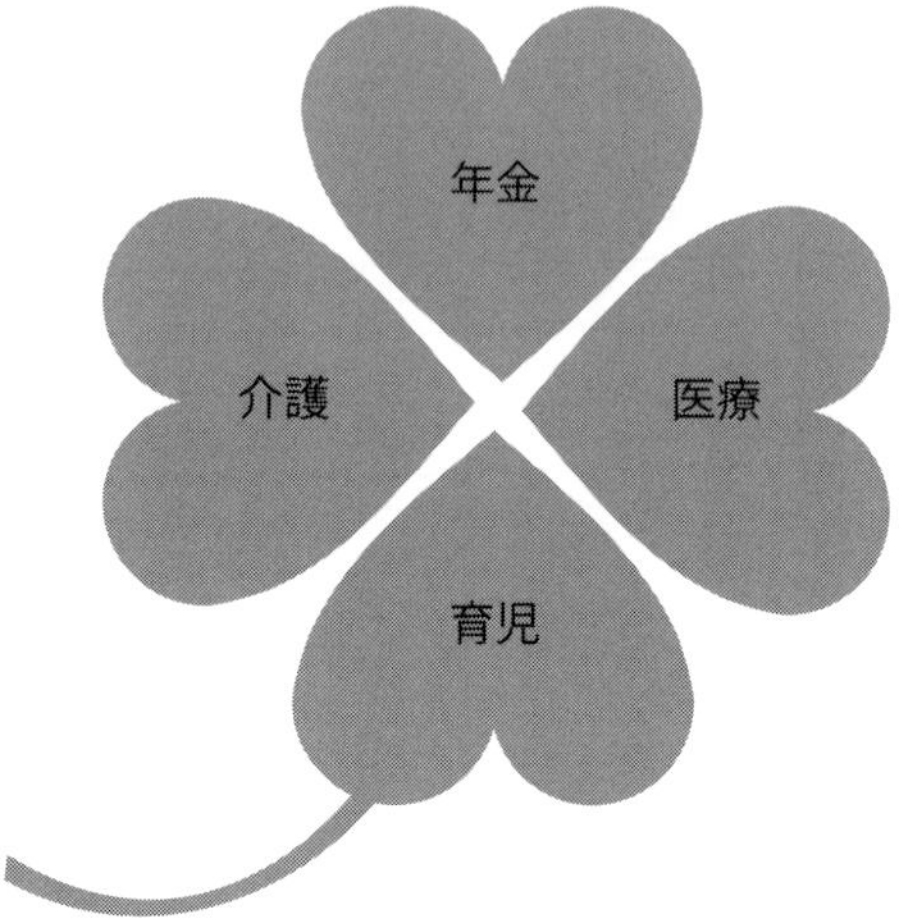

出所：柏女作成

し、まだまだ課題が残されています。その1つが、労働政策と保育政策との整合性の確保の課題です。特に、育児休業中の所得保障と乳児保育の財源統合の課題に向けての検討が必要だと思います。

このことは、子ども・子育て支援制度創設にあたって検討されましたが、十分な合意が得られなかったと記憶しています。育児休業中の所得保障は主として雇用保険財源から行われ、乳児保育は主として税財源（国、都道府県、市町村で分担）により実施されます。しかも、この両者の利用はトレードオフの関係にあります。乳児保育が増えれば税の投入が増え、働き方改革の声が出ることとなります。また、働き方改革をして育児休業が増えると、企業の負担が増えるので、企業は規制を緩和して乳児保育を増やせという話になります。お互いのサイフをあてにして政策の実現を図ろうとするから両者とも伸びず、縮小均衡になってしまいがちです。サイフを1つにして[1]、地域の特性を踏まえたうえで、使い方を考える仕組みにしていくことが必要なのではないでしょうか。

3　幼保連携型認定こども園への一元化並びに幼稚園教諭・保育士資格の一体化を含めたあり方の検討

新制度施行により潜在利用層が顕在化することは介護保険制度施行時の状況等からある程度想定されたことであり、今はそのことにより生じた待機児童解消のための量的拡充が最優先と思います。一方で、量的拡充を図っていくための施策の「副作用」などが、制度そのものに歪みをもたらしていることは大きな問題と感じています。たとえば、待機児童の多い自治体ではその解消が優先されて、幼保連携型認定こども園への認可替えが進んでいません。その結果、幼保連携型認定こども園への一元化は地域格差が大きく、国全体から見れば、幼保は三元化に至ってしまいました。

今後、制度創設当初の目的であった幼保一元化を進め、幼保連携型認定こども園[2]を中心とする「保育」を実現するためには、幼保連携型認定こども園に収斂するよう、政策的なインセンティヴを働かせるべきではないかと思います。幼保一体化の方向に舵を切ることは、時代の趨勢に合っていると思います。もちろん、福祉と教育の分野がクロスオーバーするわけですから、資格なども含めて福祉と教育の理念をどう統合していくのかしっかりと議論し、整理していく必要があります。

具体的には、認定こども園法附則にもあるように、保育教諭の免許・資格のあり方についてさらに検討すべきと思います。両資格の一体化に関しては両資格・免許の取得促進にとどまり、統合も図れていないのが現状です。そのため、保育教諭の援助観の整理や教諭資格取得のための実習なども、十分に行われていない現状があります。その一方で、介護福祉士や社会福祉士など他の対人援助職と保育士の共通資格課程の検討も俎上《そじょう》に載っています。保育士、保育教諭をどのような職種とするのか、府省にまたがる検討を進め、保育士には国家試験を課すなどしてその専門性を確立し、社会的評価の向上を図るべきではないかと思います。

4 障害児支援制度と子ども・子育て支援制度の理念の一致に関する検討

子ども・子育て支援制度においては、公定価格は基本的に月額単価とされ、また、職員配置も子どもの年齢が低くなるほど配置基準が高くなっています。これは、愛着形成に重点を置く制度であるがゆえとも考えられます。しかし、障害児支援制度においては、公定価格は基本的に日額単価であり、また、職員配置に関しても子どもの年齢による加配措置はありません。

これは、障害者福祉制度の基本理念である選択性の確保や介護しやすさという、成人の理念に基づくサービスのあり方に影響を受けたためと考えられます。「子ども」期の特性、特に愛着形成の必要性に合わせたサービス提供の仕組みについて、両制度の整合性の確保も含めた検討が必要とされるのではないでしょうか。

また、市町村が障害児福祉計画をつくることが義務化されていますが、国の指針では、障害児だけのサービスを増やすのに注力するのではなく、子ども・子育て支援制度の特定教育・保育施設や放課後児童クラブが、障害を持った子どもたちを受け入れることの重要性を提示しました。しかし、特定教育・保育施設への入所目標を掲げた障害児福祉計画は、私の知りうる限りほとんど見られません。そうすると、障害児福祉施策を充実させればさせるほど、障害を持った子どもたちが障害児だけの場所に集められてしまうという矛盾が生じる可能性があります。本来は、子ども・子育て支援制度のなかであたりまえの生活をし、それをバックアップするのが障害児福祉計画ですが、むしろそこから子どもたちが排除されてしまう危険性もあります。子ども・子育て支援制度の創設でめざすべきことは何か、理想や総論をしっかり議論することが、迂遠なようでも一番大事なことだと思います。

5　総合的な放課後児童対策の検討

放課後児童に関する施策は、それぞれ財源が異なり、管轄する省庁も分かれており、国として総合的な対策を描くことが困難になっています。２０１８(平成30)年7月の放課後児童対策に関する専門委員会中間とりまとめ「総合的な放課後児童対策に向けて」では、子どもたちの放課後生活保障の理念について議論し、育成支援について３つの方向性[3]を提示しています。そのうえで、子どもが育つ場が地域に幅広く用意される必要があり、総合的な放課後対策の展開が必要と提言しています。

一方、２０１８（平成30）年９月には、２０１９（平成31）年度から５年間の計画である新・放課後子ども総合プランが政府により策定されました。しかし、この計画は、これまでの放課後児童クラブと放課後子供教室の学校内一体的実施を引き継ぐものであり、子どもの放課後生活が、学校教育も含めて学校内で完結することを優先する政策が続くこととなります。放課後児童対策を総合的に進めるための、法改正も含めた検討が必要とされるのではないでしょうか。

６　地域包括的で切れ目のない支援ができる仕組みの検討

子ども・子育て支援分野は、高齢者分野や障害者分野と異なり、実施主体が都道府県と市町村に二元化されており、財源も社会保険、事業主拠出金、税などが、その負担割合も含めて複雑に入り組んでいます。さらに、保健福祉と教育の分断などが起こっており、地域包括的で切れ目のない支援体制が取りにくい状況にあります。これらを改善し、地域において多職種連携による包括的な支援体制が取れるよう、子ども家庭福祉分野の基礎構造改革が必要と思います。

子ども・子育て支援の根本的な問題は、制度の基礎構造が歪んでしまっていることです。それを改善せずに子ども・子育て支援制度創設を図ってしまったために、子ども・子育て支援分野は、利用者主体の契約制度と職権保護を中心とする措置制度が混在することとなり、また、サービス実施に関する都道府県と市町村の二元化や、財源や利用負担の多元化、保育の三元化など、これまで以上に、モザイク状で複雑な制度になってしまいました。いわば、副作用を対症療法で直しているため、矛盾が広がっている状況と言えるでしょう。

子ども家庭福祉分野には、2つの潮流があります。1つは子ども・子育て支援制度につながる少子化対策。もう1つが子ども虐待など要保護児童福祉の流れです。これらの実施主体は、前者が市町村、後者が都道府県で、現在も分断されたままになっています。障害児も、入所は都道府県で、通所は市町村、母子生活支援施設では福祉事務所設置の町村を含む市というようにバラバラな状況です。

こうした状況のままでは、たとえば、社会的養護の分野、特に子ども虐待対策などが地域から離れていってしまうことになります。子ども虐待の早期発見のために設置された全国共通電話189（いちはやく）は、本来、市町村が第一通報を受けるように体制整備すべきでしたが、児童相談所に通告する形になりました。子ども虐待防止対策の裾野は子育て支援とほぼ同じと言えますが、通告は都道府県になります。通告が広がると虐待件数はどんどん増えることとなり、たとえば、人口１４００万人近い東京都で11しかない児童相談所が対応しなければならず、これでは職員はいくらいても足りません。職員が疲弊するだけでなく、本当に必要なケースに時間をかけてていねいに対応することができなくなってしまいます。

このように、システムが分断されたままの体制整備は限界にきているように思います。地域において切れ目のない、包括的で継続的なシステムにするためには、市町村を実施主体の中心にすべきではないでしょうか。すでに高齢者福祉も障害者福祉も、実施主体は市町村、都道府県は後方支援という形のもとで地域包括ケア体制づくりを進めています。子ども家庭福祉も市町村が一元的に対応するシステムにして、都道府県レベルの児童相談所等が後方支援を担う仕組みを検討すべきでしょう。その際には、市町村実施の「地域性・利便性・一体性」、都道府県実施の「効率性・専門性」というメリットの整合を考えていくことが必要になってきます。

7 人口減少時代の子ども・子育て支援

これから人口減少が進むなかで、特に地方では、高齢者だけ、障害者だけを支援していくのでは立ち行かなくなる可能性があります。子どもも高齢者も障害者も、1つの拠点で包括的に相談を受けつけ、また、支援していける状況を創り上げていかなければなりません。

以前、私が児童相談所に勤めていた頃は、家庭内暴力の相談を受けると、不十分ながら一緒に家族全体の話にも対応していました。また、郡部だと障害を持った子どもが健診で見つかってもケアする場所がないので、保健師が高齢者向けの体操をしているところで、みんなにかわいがってもらっていました。その後、専門分化が進むこととなりましたが、今後は、専門分化のよい点を残しながらも、たとえば、地域包括支援センターで保健師や社会福祉士が子どもたちの相談も受けるなど、地域全体でケアしていけるシステムを検討しなければならないでしょう。

最後に、子ども・子育て支援制度の公定価格における公費負担割合は、介護保険制度に比して低いことが課題ではないかと感じます。高齢者中心型社会保障から全世代型社会保障への転換をうたうならば、子ども・子育て支援制度における公費負担割合の検討も必要なのではないでしょうか。

【注】

1　前回の法改正で育児休業中の所得保障の増加分に税が充てられることとなり、２０１８（平成30）年度から事業主拠出金率のアップにともなう増収の一部が乳児保育に充当されることになるなど、このことについて一定の前進が見られることは、サイフが１つになったわけではないとはいえ、評価したい。

2　幼保連携型認定こども園という名称は幼稚園と保育所があることを前提とした名称であり、幼保一体化が進んだ時点では、こども園などに名称変更すべきである。

3　中間とりまとめは、放課後児童対策における子ども育成の理念について、⑴児童の権利に関する条約と改正児童福祉法の理念を踏まえた子どもの主体性を尊重した育成、⑵子どもの「生きる力」の育成、⑶地域共生社会を創出することのできる子どもの育成、の３点を提起している。

【文献】

柏女霊峰（２０１７）『これからの子ども・子育て支援を考える――共生社会の創出をめざして』ミネルヴァ書房

第二部

保育制度改革がめざす方向と大切にすべきこと

第6章

保育所保育指針を読む

――福祉の視点と教育の視点

1 保育所保育指針改定の概要

保育所保育指針、幼稚園教育要領、幼保連携型認定こども園教育・保育要領が２０１６（平成28）年度末に告示されました。施行は、すべて２０１８（平成30）年度からです。保育所保育指針は、これまでの約1万８０００字から2万８０００字へと1万字増えるなど、内容が幅広く、濃くなったと言えます。保育所保育指針改定の内容とその評価を簡潔にまとめると、以下のとおりです。

(1) 第1章　総則

- 「養護に関する基本的事項」（養護の理念、ねらい及び内容等）を加筆したことが特徴です。これは、養護（子どもの生命の保持と情緒の安定）が保育の前提条件であることを明示したものと考えられます。
- 保育の計画を「保育課程の編成」から「全体的な計画の作成」に変更したことが挙げられます。3指針・要領の統一性を優先した結果ですが、「保育課程」の用語が消失したことは残念に思います。「保育課程」の用語は、就学前保育の体系性を象徴していました。
- 保育所が「幼児を教育する施設」として位置づけられたことが挙げられます。これは、幼児教育振興法案の先取りと思われます。
- 「幼児教育を行う施設として共有すべき事項」[1]として3つの「育みたい資質・能力」と10の「幼児期の終わりまでに育ってほしい姿」を記載し、それらを「保育士等が指導[2]を行う際に考慮するもの」として規定したことが最大の特徴です。これにより、小学校教育との接続を意識したことが挙げられます。到達目標ではないことに留意が必要とされていますが、他の場面ではすべて、子どもの主体性を尊重する「援助」という用語が用いられながら、この部分のみ「指導」するということは、文字どおり、それに向けて「指し導いて」いくことを示すことになるのではないかと思います。

保育所は児童福祉施設であり、これまでも、また、この指針においても、子どもへの働きかけは「援助」と表現され、これまでの指針では「指導」との記述は1か所もありませんでした。それが本指針で、10の「育みたい資質・能力」については、保育士が「指導」すべきこととして記述されています。これは、これまでの指針からの大きな変更点と言えます。

(2) 第2章　保育の内容

- 3歳未満児の記述、特に、乳児保育の記述が増えたことが挙げられます。その理由として考えられることは、以下の3点です。

①これまでの3歳未満児の保育の記述が、3歳以上児に比して少ないこと
②3歳未満児の保育の需要が増えたこと
③愛着関係の形成や非認知的能力の形成など、3歳未満児の育ちが一生の育ちの基本に

なることの認識が深まってきたこと

- ０歳児については「健やかにのびのびと育つ」（健康）、「身近な人と気持ちが通じ合う」（人間関係、言葉）、「身近なものと関わり感性が育つ」（環境、表現）の３つの視点で説明したことが特徴的です。心身の未分化から言えば、妥当な視点だと思います。
- １～２歳児は、これまでどおり５領域で説明されています。これも妥当だと思います。
- すべての年齢段階で「ねらい」「内容」「内容の取扱い」「配慮事項」を明示し、カリキュラム、計画作成の便宜を図ったことが挙げられます。３指針・要領の整合性の確保という点では、妥当と思います。
- ねらい、内容については、幼保連携型認定こども園教育・保育要領、幼稚園教育要領との整合性がより一層図られたことが挙げられます。２００８（平成20）年の指針・要領改正においては、両指針・要領のねらい、内容の整合性の確保に留意しつつも、それぞれの役割・機能や文化の相違に配慮して柔軟な対応が行われましたが、今回は、機械的とも言えるほど、３つの指針・要領の一致に意が用いられています。そのため、前述の「援助」と「指導」の用語に見るとおり、福祉に対する教育の浸食が見られています。

・現行指針の「保育の実施に関わる配慮事項」は、「内容の取扱い」「保育の実施に関わる配慮事項」に分散して記載されています。ただし、その書き分けの基準が明確ではなく、なぜ「内容の取扱い」なのか、なぜ「保育の実施に関わる配慮事項」なのかがわかりにくいことは否めません。

(3) 第3章　健康及び安全

２００８（平成20）年改定以降に新たに出された各種指針の内容を取り入れるとともに、東日本大震災の発生などを受けて、事故防止及び安全対策、災害への備えなどの記述を充実したことが、特徴として挙げられます。このことは、妥当なことと考えられます。

(4) 第４章　子育て支援

・章の名称が、「保護者に対する支援」から「子育て支援」に変更されたことが挙げられます。幼保連携型認定こども園における子育て支援が必須とされ、それとの整合性が優先された結果と思われます。これまでの指針では、すべての保育所・保育士において義務とされている保護者支援をまず取り上げ、保育所においては努力義務とされている地域の子育て支援を次に記述するという方法をとっていました。しかし、幼保連携型認定こども園教育・保育要領との整合化を優先して、子育て支援に代えられたものと思います。このことが、保育所に子どもを通わせている保護者の支援をあいまいにしてしまうことのないよう、留意が必要とされます。

● 旧指針第6章の冒頭にまとめられていた保育士の保護者支援の原理7点が削除されるとともに、いくつかに分散して記載されてしまったことが挙げられます。このことは、とても残念なことであり、保育士の専門性である「保育相談支援」の原理をあいまいにさせ、ひいては保育士の保護者支援の専門性を見失わせてしまう危険性が危惧されます。保育士養成課程の改正において「子育て支援」のシラバスに「保育相談支援」の用語を残すよう国に対して意見を述べましたが、それは、保育士の専門性としての「保育相談支援」が消滅してしまう危惧を抱いたからでした。

● 旧指針の保護者支援の原理2の「子どもの成長を共に喜ぶ」といった共感的な記載がなくなり、「保護者が子どもの成長に気づき子育ての喜びを感じられるように努めること」「保護者及び地域が有する子育てを自ら実践する力の向上に資するよう」といった、保護者に対する教育的配慮がにじむ記述となってしまったことが挙げられます。この結果、

「共感[3]」や「支援」といった福祉の視点から見た保護者支援の原理が見えにくくなり、残念に思います。

(5) 第5章　職員の資質向上

- 現行指針第7章に記載されていた保育者自身の「自己研さん」の必要性とそれに対する施設長の「支援」が削除され、「研修」の充実がこれまで以上に盛り込まれたことが挙げられます。研修の充実は必要なことですが、「研修」は、あくまで主催者が実務家に身につけてほしいことを決めて実施するものです。これに対して「自己研さん」は、実務家本人が自ら主体的に学びたいことを見つけ、その知識や技術の習得に向けて自ら尽力するものです。そして、それを施設長が応援します。本当の学びは上から与えられるものではなく、自らが選び取っていくものだと思います。それが削除されてしまったのは淋しい気がします。

2　保育所保育指針改定を総括する

これまで見てきたとおり、今回の保育所保育指針改定のポイントは、保育における「学校教育との整合性、接続性への積極性」と「福祉の視点の曖昧化」の2点に集約されると思います。児童福祉施設である保育所の福祉的視点、特に親子に寄り添う視点や、親子の生活者としての主体性を尊重し、それを横から後ろから「支援」「援助」するという視点が薄まり、子どもの10の姿や親の家庭教育力の向上に向けて「指導」する視点が強調されている点が特徴と言えるでしょう。また、保育者の自己研さんより、上からの研修が重視されることも、特徴として挙げなければならないと思います。

教育とは「人づくり」であり、その方向を理解しないわけではありませんが、２０１６（平成28）年改正児童福祉法第1条に見られる「児童の権利に関する条約の精神にのっとり、適切に養育されること、……」といった視点は、どこに行ったのでしょうか。果たして、子どもの権利条約の子ども観や保育観が議論されたのでしょうか、疑問がわいてきます。教育との整合性を優先した結果、中央集権的視点が強まったり、福祉的視点があいまいになってしまったりしていることが否定できません。

0歳から就学前まで、登園から降園までを一つながりのものとして、養護と教育の一体的実施を身上としてきた保育所保育において、「子どもの発達や成長の援助をねらいとした活動の時間については、意識的に保育の計画等において位置づけて、実施することが重要であること。なお、そのような活動の時間帯については、……」（総則）とされたり、「幼児期の終わりまでに育ってほしい姿」を10項目立てて、それについては「援助」ではなく、「指導を行う際に適宜考慮すること」（第2章）とされたりしていることが、これまでの保育観と並び立つのでしょうか。また、「集団」という用語が増え、[4]一人ひとりのニーズに応える視点が薄まることも懸念されます。

保育所保育指針や幼稚園教育要領は、もともと「心情」「意欲」「態度」を育てることを主眼としており、学びに向かう力や非認知的能力を育てることを大切にしてきました。成果目標が学校教育法に規定する概念で整理されたとしても、時代が変わっても、乳幼児期において大切にしなければならないことは変わらないと思います。

教育重視の動きに基づいて三指針・要領の整合性の確保、統合が進められるとしても、そのことは、現在の「教育」のあり方そのものを所与のものとしてそれにあわせることを意味していることではありません。根底に学校「教育」全体を通底する流れがあったとしても、幼児期の教育における「養護」「福祉的視点」をあいまいにする改定は、保育現場にどの程度受け入れられるのでしょうか。今一度、子どもの権利条約や改正児童福祉法の理念、さらには、現行保育所保育指針が持つ子ども観、発達観、保育観[5]と「学校教育」におけるそれとの整合性を図ろうとする姿勢が必要とされるでしょう。

３　改正児童福祉法の理念と保育所保育指針

２０１６（平成28）年６月、児童福祉法の理念が70年ぶりに改正されました。第１条冒頭では、「全て児童は、児童の権利に関する条約の精神にのっとり、適切に養育されること」が子どもの権利であることが示されています。そして、それを保障する社会資源の１つが、児童福祉法上の児童福祉施設たる保育所です。つまり、法令から見れば、保育所の保育観は、「児童の権利に関する条約の精神にのっとって養育する」ことでなければならないのです。

では、児童の権利に関する条約（以下、「条約」）の精神、つまり、子ども観や発達観、保育観とは何でしょうか。保育所保育指針や幼保連携型認定こども園教育・保育要領の策定過程においては、まさにそのことが真剣に議論されなければならなかったのでしょう。しかし、それらが議論された形跡はほとんど見られません。

条約第3条は、子どもの最善の利益を保障しようとする大人の責務を強調しています。一方で、条約第12条は、子どもの年齢及び成熟度に従って子どもの意見を尊重すべきことを規定しており、本条約が発達的視点を有していることを示しています。それは、主体的に生きる子どもの自己決定力の育成と尊重という視点であると言ってよいでしょう。そして、そのことが、わが国の子ども家庭福祉の総合的法律である児童福祉法第1～2条に明確に示されたのです。子どもが自己の意見を持つことができるように成長するためには、幼少期から自分で考え、自分で決定するという体験が必要とされます。つまり、主体性、自己決定力を育むことが、条約の精神から見た保育観となるのだと思います。

一方、人は他者から十分に聴かれる（傾聴される）ことにより、自己の見解や心を整理していくことができます。それは、ソーシャルワークやカウンセリングの原理からも明らかです。その意味では、第12条が十分に満たされることによって、人は自己にとって最も良い決定に近づくことができると言えるわけです。第12条が十分に保障されて初めて、第3条が達成されるのです。また、第3条が十分に満たされることにより、第12条が達成されることとなります。子どもの最善の利益を保障しようとする大人の責務、子どもの気持ちをしっかりと受け止める姿勢と、子どもの主体性、自己決定、自律の育成とは、コインの裏表でもあるのです。

バイステック（尾崎他訳、１９９６：73）は、原則二の「クライエントの感情表現を大切にする」の説明のなかで、「結局、感情表出は、クライエントが彼の問題を自ら解決する原動力であるといってよい」と述べています。この原理は、子どもであっても適用されます。子どもが自らの問題について最善の決定をしていくためには、十分に聴く支援者の存在が必要とされるのです。そして、そのことによって、子どもは自らの最善の利益に近づけるのです。

さらに、子どもの意見はOpinion（意見）も含めたView（意向）ととらえ、言葉で自己の見解を伝えられない子どもや障害児童の意向を汲み取る専門性も必要とされます。また、自己の意見を発信することができるよう支援されること（障害者の権利条約第７条）が望まれます。これらが「養護」の視点であると言えるでしょう。福祉の視点から見た保育観を確実にしていくためには、「養護」概念の意義づけが必要不可欠とされるのです。

子どもは自ら自己の可能性を最大限に発揮しようとする主体的存在であり、それを支え、保障する保育者の関わりがあることで、自己の意見を持つことができるなど主体的に生きることができるよう成長するとともに、他者の存在をも尊重することができるようになっていきます。一人ひとりの子どもの尊厳を大切にし、一人ひとりの子どもが今このときを主体的に生き生きと過ごすことをめざし、一人ひとりの可能性が最大限に発揮できるよう側面的に支援し、また、子どもたちに寄り添うことを大切にする保育が、福祉の視点から見た保育観であると言ってよいでしょう。それは決して「指導」ではなく、「支援」「援助」と言うべき営みであると思います。こうした保育者の関わりが子どもの主体性を育て、また、他の子どもの主体性をも尊重する「共生」を育んでいくのだろうと思っています。

福祉の人間観、社会観、保育観が、もっと議論されなければならないと思います。そして、今回の指針、要領において示された3つの「育みたい資質・能力」と10の「幼児期の終わりまでに育ってほしい姿」を、目標ではないと断りつつ「指導」することとの整合性が語られなければならないと思います。「福祉」と「教育」の融合をめざす保育実践が続けられていく必要があるのです。

【注】

1　指針や要領においては、健康、人間関係、環境、言葉、表現の5領域の教育内容を踏まえつつ、幼児教育において育みたい資質・能力の３つの柱を「知識や技能の基礎」「思考力・表現力・判断力の基礎」「学びに向かう力、人間性等」と定め、幼児期の終わりまでに育ってほしい姿の10項目として、①健康な心と体、②自立心、③協同性、④道徳性・規範意識の芽生え、⑤社会生活との関わり、⑥思考力の芽生え、⑦自然との関わり・生命尊重、⑧数量・図形、文字等への関心・感覚、⑨言葉による伝え合い、⑩豊かな感性と表現、が挙げられている。

2　指針では、保育所で保育士等が行う行為は「援助」で統一されているが、この部分のみ「指導」することとされている。

3　これに関連し、福祉的視点として重要と考えられる「受け止める」という視点に着目すると、新保育所保育指針においては保護者の実情や意向を「受け止める」という記述がこれまで同様、２か所見られるのに対して、幼保連携型認定こども園教育・保育要領には１か所、幼稚園教育要領には記載が見られない。これまでの幼保連携型認定こども園教育・保育要領には保護者に関して「受け止める」との記述はなかったが、今回は１か所入ったことになる。子育て支援を進めるうえで、保護者が置かれている状況や意向を受け止めることは必須のことであり、それなくして「保護者及び地域の子育てを自ら実践する力を高める観点に立って、……」保護者支援を行っても、厳しい環境のなかで呻吟しつつ子育てを行わざるをえない保護者の共感を得ることはできないであろう。

4　現行指針では「集団」の用語は３か所出現していたが、新指針では６か所出現している。

5　柏女霊峰『子ども家庭福祉・保育の幕開け』誠信書房、２０１１年など参照。

【文献】

網野武博（２００２）『児童福祉学――〈子ども主体〉への学際的アプローチ』中央法規出版

フェリックス・P・バイステック／尾崎新・福田俊子・原田和幸訳（1996）『ケースワークの原則〔新訳版〕――援助関係を形成する技法』誠信書房（Felix P. Biestek, 1957, *The Casework Relationship*）
柏女霊峰（2011）『子ども家庭福祉・保育の幕開け――緊急提言　平成期の改革はどうあるべきか』誠信書房
柏女霊峰（2015）『子ども・子育て支援制度を読み解く――その全体像と今後の課題』誠信書房
柏女霊峰（2017）『これからの子ども・子育て支援を考える――共生社会の創出をめざして』ミネルヴァ書房
柏女霊峰（2018）『子ども家庭福祉論〔第5版〕』誠信書房

第7章

保育所保育指針の子ども観、保育観

1 保育所保育指針の発達観、保育観

新保育所保育指針、幼保連携型認定こども園教育・保育要領が２０１８（平成30）年４月から施行されています。保育所、認定こども園では、新しい指針・要領の保育観に基づき、自園における保育の見直しも始まっていることでしょう。私には、新指針・要領の保育観がまだ十分に整理されないままです。

２００８（平成20）年４月施行の保育所保育指針については、私は１９９９（平成11）年度に続く２度目の改定委員として参画し、自らの子ども観、保育観・援助観を確認しつつ、改

定にあたってきました。それは、端的に言えば、以下のようなものでした。すなわち、「特定の大人と子どもとの応答的関係が子どもの基本的信頼感を醸成し、その関係をベースキャンプとして子どもは外の世界と関わりを持つようになる。その際、同年齢の子ども同士のコミュニケーションをとおして、さまざまな葛藤や感動などの体験を重ねつつ民主的な関係に気づき、他者とのコミュニケーション能力を身につけていく。そして、他者と共存するためにきまりの大切さに気づき、民主的な人間関係、社会関係を取り結ぶ力を取得していく。これが『生きる力』の基礎を培うことにつながっている」という援助観です。

すべての子どもは自らその可能性を最大限に発揮していく力を有しており、その主体的力を最大限尊重したいという気持ちが根底にあります。これは、児童相談所における10年間の臨床経験から生み出された援助観です。そして、こうした子ども観が、これまでの保育指針には明確に盛り込まれていたと思っています。

ここに、今回の指針・要領では、唐突に10の姿が入り込んできました。それは極端に言えば、子どもはこのように育つべきという援助観と言ってよいと思います。それが教育なのだと言われてしまえばそのとおりなのかもしれませんが、こうした援助観が、従来の子ども観、保育観との整合性が図られないままに突然入り込んできて、保育指針を切り貼り細工のようにしてしまった気がします。そこで本章では、前記の子ども観、保育観について、旧保育所保育指針第2章並びに第3章の記述に基づいて、改めて整理することにしたいと思います。

2　子どもの発達と保育者の関わり

(1) 絆の形成

旧保育所保育指針第2章は、保育士と子どもとの関わりについて特に大切なことを、「愛情豊かで思慮深い大人による保護や世話などを通して、大人と子どもとの相互の関わりが十分に行われることが重要である。この関係を起点として、次第に他の子どもとの間でも相互に働きかけ、関わりを深め、人への信頼感と自己への主体性を形成していくのである」と表現しています。すなわち、大人と子どもとの相互の関わりが十分に行われることによってできあがる関係を起点として子ども同士の関わりを深め、人への信頼感や自己への主体性を形成していくと述べているのです。

この大人と子どもの関係を、指針は「絆」と表現しています。その形成と深まりを、「子どもの発達過程区分」を通して見ていくこととします。また、第3章においては、「保育の

図４　子どもとの応答的な関わりによる絆の形成

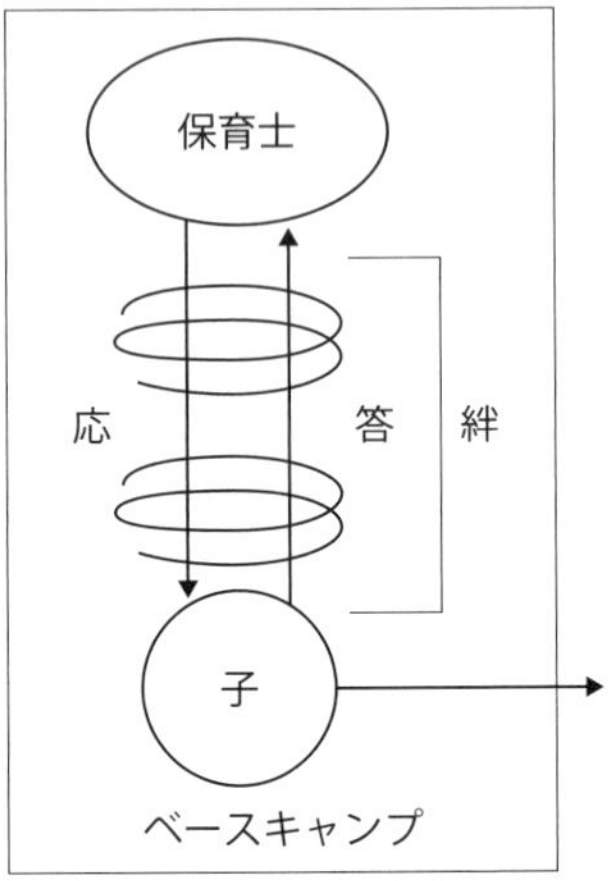

出所：柏女霊峰（2011, p. 103）

実施上の配慮事項」が発達過程区分ごとに記述されています。この発達過程区分と保育士の配慮事項とを組み合わせることで、子どもの発達と保育士の関わりのあり方、すなわち、指針の子ども観、保育観が見えてくるのです。

まず、おおむね6か月未満においては「これに応答的に関わる特定の大人との間に情緒的な絆が形成される」と記述されています。「絆」は糸へんに半分と書きます。すなわち、子どもから出される半分の糸に対して、大人が返す半分の糸が双方向に真っ直ぐに向き合って初めてそれが紡がれ、それが繰り返されることによって「絆」ができあがっていくと述べているのです。配慮事項としては、この時期、保育士は、「一人一人の子どもの生育歴の違いに留意しつつ、欲求を適切に満たし、特定の保育士が応答的に関わるように努めること」（新指針では、乳児保育、「保育の実施に関わる配慮事項」イに記載）とされています。これは、**図４**のように示すことができます。

⑵ 親と子の架け橋をつくる

このことは、なにも乳児に限ったことではありません。子どもは迎えに来た親に対して、今日保育所であったことを一生懸命に伝えたいと思っています。しかし、親は仕事を引きずり、たとえば、〝今日は課長に理不尽に叱られて腹が立ったから、早く家に帰ってゲームの続きでもしたい〟〝子どもの夕食をつくるのが面倒〟などと思うときもあります。つまり、半分の糸が双方向にならず、ずれるときもあるのです。

その絆のズレに対して、保育士が仲立ちをして「実は今日、〇〇なことがあってAちゃんはとてもうれしかったので、お母さんにお話したいことがたくさんあると思いますよ」と伝えておけば、帰りの車のなかでAちゃんがそのことを言ったら、親はそれに対して応答的な関わりができます。ところが、保育士がそのことを伝えてないと、Aちゃんが伝えても全体の文脈を理解することができず、親はますますイライラして、「うるさいわね。黙ってなさい！」となってしまいます。保育士には、親と子どもとのより良い関係をつくっていくために、双方の仲立ちをするという大切な役割が求められているのです。そして、そのための倫理や知識、技術が、「保育相談支援」（演習）として前回の保育士養成課程改訂において創設

図5　親と子の絆の形成に資する保育士の仲立ち

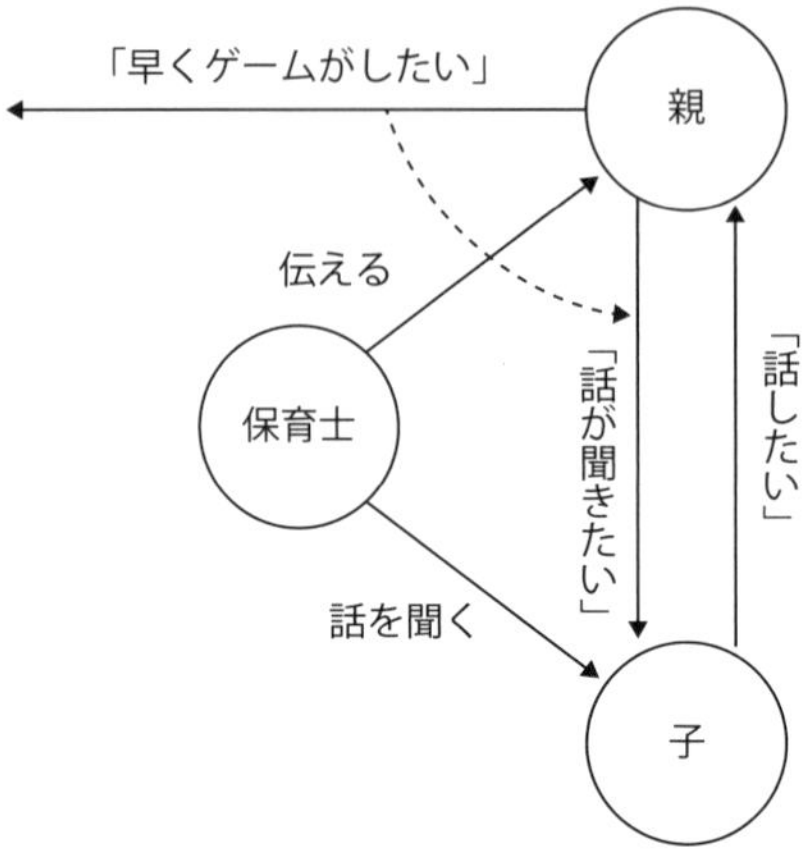

出所：柏女霊峰（2011, p. 103）

されたのです。このような親・子・保育士の関係は、**図5**のように示されます。

⑶ 子ども同士の仲立ちをする
——民主的人間関係の育成

次に、おおむね6か月から1歳3か月未満では、「特定の大人との応答的な関わりにより、情緒的な絆が深まり、……」と記述されています。そして、この応答的関係が深まって「絆」が確立したら、子どもはこの関係をベースキャンプにしつつ外に出て行くことになります、と指針には記述されているのです。

そして、ちょうどその時期に、子どもは発達的に、「歩き始め、手を使い、言葉を話すようになることにより、身近な人や身の回りのものに自発的に働きかけていく」ことができるようになるのです。逆に言えば、子どもは1歳程度まで歩けない、話せないことによって、特定の大人との応答的関係を取り結び、「絆」を形成することができるように生得的に組み込まれていると言ってよいと思います。

ポルトマン（A. Portmann）は、「人間の赤ちゃんは、1年、生理的早産である」と言いました。このことは、動物の赤ちゃんは生まれてすぐに歩けないと命を保てませんが、人間の赤ちゃんは、ベースキャンプができないと命が保てないということを示しています。人間は、親だけでなく社会が育てていくのです。

こうした子どもに対し、第３章の３歳未満児の保育実施上の配慮事項では、ベースキャンプを出た子どもに対して保育士は、「探索活動が十分にできるように、事故防止に努めながら活動しやすい環境を整え、全身を使う遊びなど様々な遊びを取り入れる」（新指針では、1歳以上3歳未満児の保育、「保育の実施に関わる配慮事項」イに記載）ように配慮すると記述されています。すなわち、子どもがさまざまな活動を探索的にできるよう、自由に過ごせる環境をつくることが大切と述べているのです。そして、不安なことがあったら、またベースキャンプへ戻れるようにしていくのです。

続いて、「子どもの自我の育ちを見守り、その気持ちを受け止めるとともに、保育士等が仲立ちとなって、友達の気持ちや友達との関わり方を丁寧に伝えていくこと」（新指針では、

1歳以上3歳未満児の保育、「人間関係」内容の取扱い③に記載）と記述されています。すなわち、別々のベースキャンプから出てきたAちゃんとBちゃんが、出会う際の仲立ちを保育士に求めているのです。たとえば、以下のような場面が考えられます。

「Aちゃんがベースキャンプから出てきておもちゃを見つけ、手に取った。別のベースキャンプから出てきたBちゃんもこのおもちゃを欲しそうに見ていた。Aちゃんはこのおもちゃを取ったときにBちゃんが自分のことを見ていることに気づき、Aちゃんは、これまでの大人と同様な対応をBちゃんに期待します。すなわち、『Aちゃんはこのおもちゃで遊びたいんだよね』と。しかし、Bちゃんは、Aちゃんからおもちゃを取り上げます。これまでの大人との応答的な関係とは違う関係が、ここで生起することになります。Aちゃんは驚いて、Bちゃんからおもちゃを取り返します。いわゆる物のとりっこであり、2人に葛藤が生じることになります」

このとき、保育士には、2人の仲立ちをすることが期待されているのです。「Aちゃん、このおもちゃで遊びたいんだよね。でも、Bちゃんもこのおもちゃで遊びたいんだって。どうしようか。Aちゃんが遊んだらこんどはBちゃんに貸してあげようか」という仲立ちもあるでしょうし、「Bちゃんも入れて3人で一緒に遊ぼうね」という仲立ちもあるでしょう。

図６　子ども同士の関わりの仲立ち

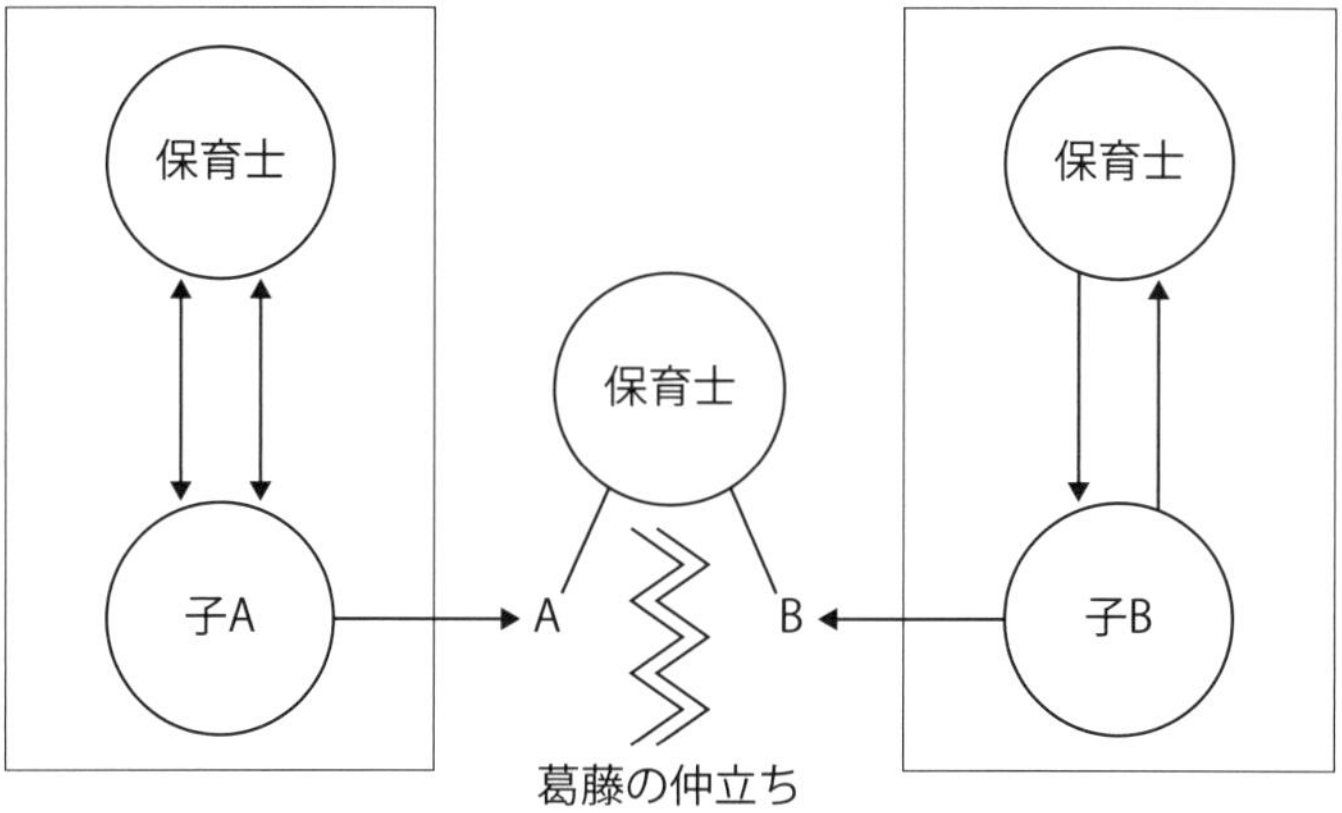

出所：柏女霊峰（2011, p. 105）

保育士は、子どもの特性やそうした事態が生じた環境などにより、さまざまな仲立ちの引き出しをもって臨んでいきます。

ここで生起する子ども同士の関係は、これまでの応答的な関係とは異なり、子ども同士の平等で民主的な関係と言ってよいでしょう。社会で生きていくためにはこの民主的な人間関係の取り結びが必須となります。この関係づくりを子ども同士の仲立ちしながら進めていくのが、保育士の役割として期待されているのです。これは、**図６**のように示されます。

⑷ 見守る

次に、３歳以上児の保育実施上の配慮事

項として、「けんかなど葛藤を経験しながら次第に相手の気持ちを理解し、相互に必要な存在であることを実感できるよう配慮すること」（新指針では、3歳以上児の保育、「内容の取扱い」④⑤に類似記述あり）と記述されています。すなわち、けんかなど葛藤を経験しながら、「Bと一緒にいるとゲームで負けたらすごく悔しいけれど、Bと楽しく遊べたらこんな楽しいことはない。先生と遊ぶよりよっぽど楽しい。Bは僕の友達だ」という感情を育てていくことが大切と述べているのです。そのうえで、「生活や遊びを通して、決まりがあることの大切さに気付き、自ら判断して行動できるよう配慮すること」（新指針では、3歳以上児の保育、「内容の取扱い」④⑤に類似記述あり）と記述しています。

年長児になれば、保育士の仲立ちがなくとも仲間関係を形成することができ、きまり、ルールによって、子どもたちは仲間との世界をつくっていきます。そのうえで、保育士は、子どもたちが自ら主体的に判断して行動できるように見守り、必要に応じて介入することにより、子どもたちの「生きる力の基礎」を培うことの大切さを述べているのです。これは、**図7**のように示されます。

当初は保育士の仲立ちが必要でしたが、年長になれば、「順番を守る」というきまりを理解することによって皆が共存、共生できることを子どもたちは知っていきます。きまりや規

図７　子どもの主体的活動の見守り

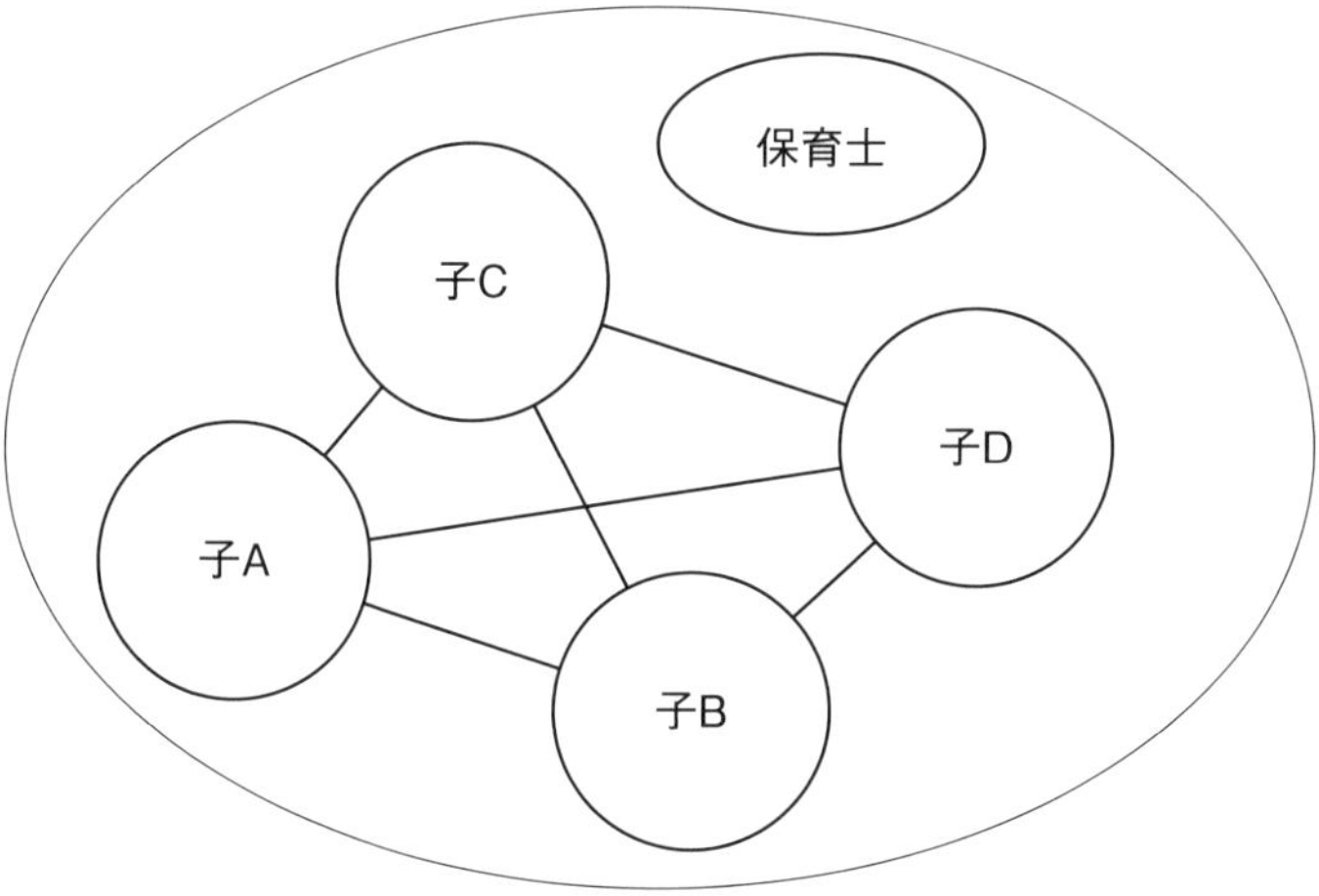

出所：柏女霊峰（2011, p. 106）

範意識は植えつけるものではなく、Ａちゃんが、Ｂちゃんやちゃん、Ｄちゃんと一緒にいたいという気持ちが育つことによって初めて達成できると述べているのです。保育士の関わりによりそのことが就学までにできるようになることが、民主的な日本で生きていく力の基礎を培うことになるのだと述べていると言ってよいでしょう。

3　専門職としての保育士

以上のような関わりをとおして、保育士は子どもとの絆を形成し、そこからの旅立ちを促し、この絆をもとにして、人として生きるのに欠かせない民主的な人間関係の取り結び、生きる力や個の尊重、他者との共生などを培っていくこととなります。以上の保育士の役割は、次の4点に凝縮されると思います。

①親と子の間に介在し、より良い親子関係の形成に寄与する
②子どもとの応答的な関係を取り結び、子どもの安全基地となる
③子ども同士の間に介在し、仲立ちをし、子ども同士の民主的な人間関係の取り結びを支援する
④子ども同士がきまりを守りつつ自主的に活動する場を見守り、必要に応じて介入する

4　新保育所保育指針におけるこれらの記述

こうした子ども観、保育観は、新指針においても変わっているとは思えません。しかし、それらは、新指針では非常に読み取りにくくなってしまいました。発達過程区分は指針本体では短くまとめられ、前記の記述は、解説書に依らなければ読み取ることはできません。ま

た、発達過程区分ごとの「保育の実施上の配慮事項」は、前記のとおり、各段階の「内容の取扱い」と「保育の実施に関わる配慮事項」等に分割されて整理されてしまいました。そのため、全体を整合的に汲み取ることが困難になってしまいました。とても残念に思います。

おわりに

保育指針の子ども観、保育観の根底には、人類の進化に対する畏敬、いのちのエネルギーに対する信頼の念、そして、それがゆえに、子どもの主体性を尊重する保育の姿勢があふれています。子どもの成長を前から後ろから「援助」する姿勢の強調にもそのことは示されています。こうした子ども中心の保育観は、時代が変わっても大切にしなければならないでしょう。それが、２０１６（平成28）年改正児童福祉法がうたう「児童の権利に関する条約の精神にのっとり、適切に養育されること」につながるのだと思います。保育の依って立つ子ども観、援助観が、今一度、十分に語られなければならないと思います。

【文献】
柏女霊峰（２０１１）『子ども家庭福祉・保育の幕開け——緊急提言　平成期の改革はどうあるべきか』誠信書房
柏女霊峰（２０１５）『子ども・子育て支援制度を読み解く——その全体像と今後の課題』誠信書房
柏女霊峰（２０１７）『これからの子ども・子育て支援を考える——共生社会の創出をめざして』ミネルヴァ書房
柏女霊峰（２０１８）『子ども家庭福祉論［第５版］』誠信書房

第8章 保育士の専門性と倫理

1　保育士の専門性の構造

(1) 保育士資格とその専門性

保育者とは一般的には、保育士、保育教諭、幼稚園教諭を指しますが、ここでは、保育士を中心に考えていくこととします。まず、保育士資格について、児童福祉法第18条の4第1項は次のように規定しています。

「この法律で、保育士とは、第18条の18第1項の登録を受け、保育士の名称を用いて、専門的知識及び技術をもって、児童の保育及び児童の保護者に対する保育に関する指導を行うことを業とする者をいう」

この場合の「児童」は18歳未満の者を指します。また、児童福祉法第6条の3第7項の一時預かり事業の条文において、「保育」を、「養護及び教育（学校教育を除く）を行うことをいう」（一部変更）と規定しています。つまり、保育士は、以下の3つの業務を行う専門職ということになります。

①「就学前児童の保育」early childhood care & education（エデュケア）
②「18歳未満の児童の保育」childcare work（ケアワーク）
③「児童の保護者に対する保育に関する指導」（保育指導業務、技術体系としては保育相談支援）

(2) 保育士養成の中核的な科目

保育士の業務を以上のように理解すると、新保育士養成課程において中核となる科目（原理と内容）は以下のとおりとなります。

①就学前の児童の養護と教育が一体となった保育：保育原理、保育内容総論

②18歳未満の児童の保育・養育・養護・育成支援・発達支援など（チャイルド・ケアワーク）：社会的養護Ⅰ、社会的養護Ⅱ、障害児保育

③保育指導：子ども家庭支援論、子育て支援（保育相談支援）

この7科目が、保育士養成課程における最も大切な科目と言え、これらの科目は保育士養成に固有の科目であり、他の専門職が学ばない中核的な科目となります。これが、保育士の専門性ということになります。

なお、ここで言う「子育て支援」は、保育士の専門性を生かした保護者支援の知識・技術について学ぶ科目であり、その専門性は「保育相談支援」と呼ばれます。したがって、それは、社会福祉士の「相談援助」、臨床心理士・公認心理師の「カウンセリング・心理療法」等に相当する中核的科目であり、たとえ新保育士養成課程においてその名称が子育て支援となっても、その中身は保育相談支援を学ぶこととなります。保育相談支援は、保育士資格の法定化により、保護者支援業務が保育士資格の基本業務として規定されたことを受けて創設された科目です。

(3) 保育士の専門性の構造①

保育所保育指針は、総則その他随所において、子どもの思いや保護者の意向、気持ちを「受け止める」ことや「受容」の大切さを規定しています。「受け止める」ことや「受容」は、「受け入れる」ことや「許容」とは異なります。子どもや保護者の行動の意味や思いをしっかりと受信できて初めて、子どもの発達促進や保護者支援、保護者の理解や協力を得るための発信ができることになります。

保育とは「養護と教育が一体となった」行為であり、「養護」とは、受け止めること、子どもが自ら持つ成長のエネルギーを尊重することと言えます。また、「教育」とは、子どもが持つ自ら伸びようとするエネルギーを、意図的に方向づけることであると言えます。阿部（２０１６：12）は、「一切方向づけされていない状態で出生する子どもに対して、他者からの意図的な方向づけによって、その社会のなかで最終的に『自由を行使できる主体』を形成する営みが教育であるともいえる」と述べています。

子どもの思いを受け止めつつ、意図的に方向づけることとの折り合いをつけて対応すること、日常的に子どもの欲求にていねいに対応していること、子どもの様子に気を配り、興味

図８　保育士の技術

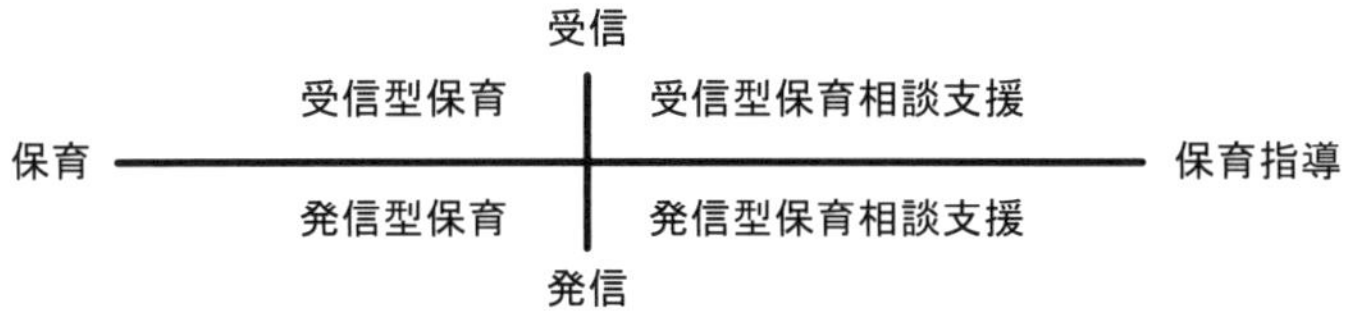

出所：柏女作成

を持って関わること、子どもが見守られていると感じられるように関わること、などが養護的行為と言えます。こうした関係は、保護者支援についても同様に考えることができます。保護者の気持ちをしっかりと受け止める受診型の支援と、保護者に対して保育の専門性をもとに働きかける発信型の支援は、保護者支援においても一体的に行われているのです。

こうして考えると、保育士の２つの業務である保育と保育指導（保育相談支援）の技術は受信型と発信型に分けられ、その結果、以下のように整理できることとなります。つまり、保育士の専門技術は、**図８**の４種に分けることができるのです。

⑷ 保育士の専門性の構造②

保育所保育指針では、保育士の力量を倫理、知識、技術、判断の４点に整理しています。このなかでは専門職としての価値や倫理が根底となります。対人援助職としての価値・倫理、社会福祉援助職

図９　保育士の専門職としての力量試案

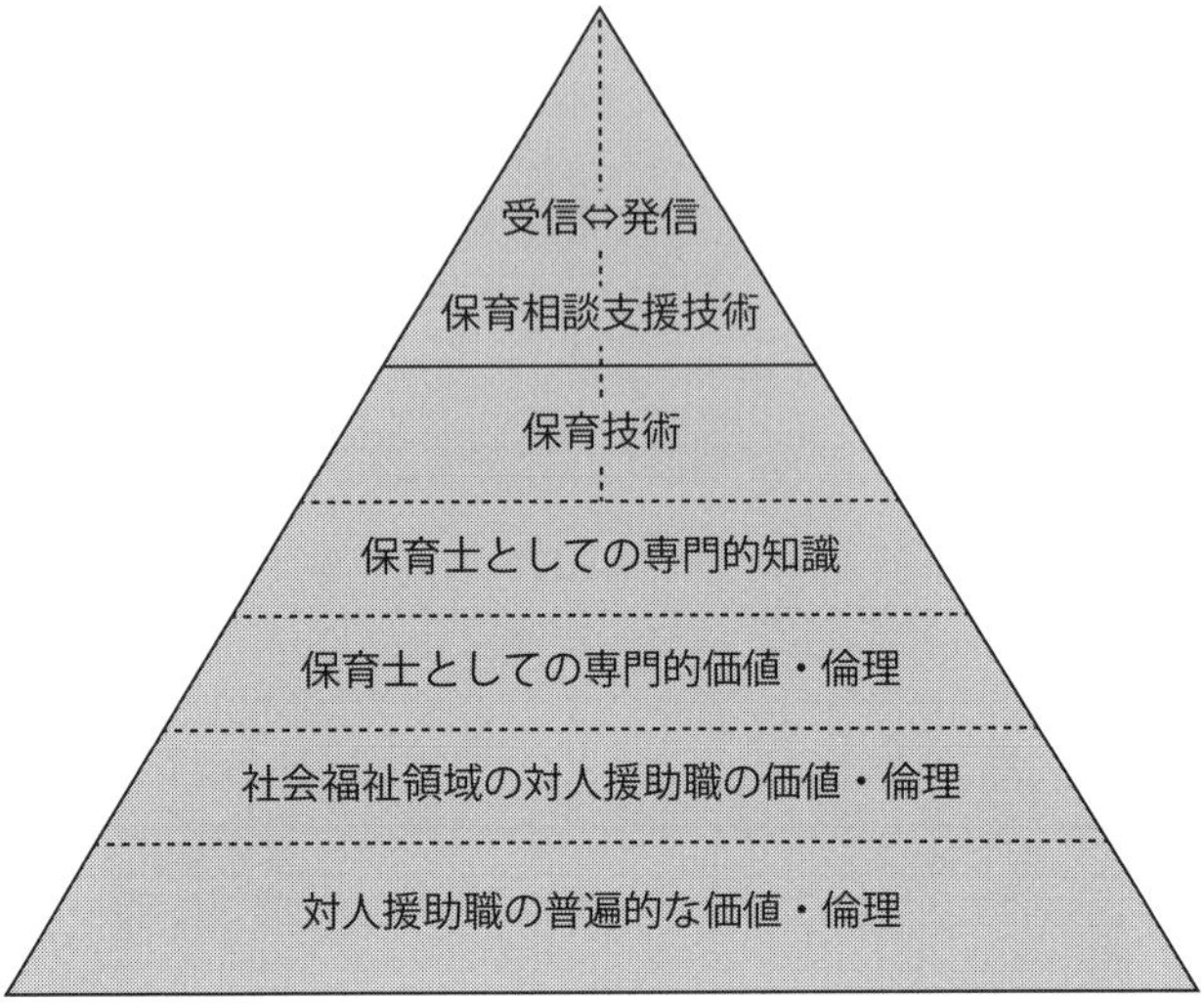

出所：柏女・橋本・西村・高山・山川・小清水（2009）を一部修正

としての価値・倫理を基盤として、保育士としての価値・倫理が存在することとなります。

そして、それらを基盤として、専門的知識、専門的技術が獲得されていきます。まず、保育の知識、技術が基盤となり、そのうえに、保育相談支援の知識、技術が、そして、それらのすべてが統合された専門性が「判断」として生きてくるのです。これらの構造を図式化したものが、**図９**です。なお、「判断」はこの図の総合展開として具現化することとなります。このすべてを統合する営みが保育実践であり保育実習ということになるのです。したがって、保育実践は、就学前保育、18歳未満児童のケアワーク、保育相談支援を中心とする保護者支援の３つについて行われていることになります。

(5) 保育者の視点

保育者は、これまで述べた専門性を生かし、以下の４つの立ち位置を縦横に駆使しつつ、子どもと親とのより良い関係の構築や子どもの発達の保障に取り組んでいる専門職と言えるのです。

- 親と子の間に介在し、より良い親子関係の形成に寄与する
- 子どもとの応答的な関係を取り結び、子どもの安全基地となる
- 子ども同士の間に介在し、仲立ちをし、子ども同士の民主的な人間関係の取り結びを支援する
- 子ども同士がきまりを守りつつ自主的に活動する場を見守り、必要に応じて介入する

2　保育士の責務と倫理

(1) 保育者の倫理

２００３（平成15）年2月26日、保育所に働く保育士を中心とする組織である全国保育士会が倫理綱領を採択し、15年が経ちました。倫理綱領の採択は、保育士資格法定化を目前にして、保育所並びに保育士たちが行った子どもの保育・子育て支援の専門職としての決意表明であると言えます。

「全国保育士会倫理綱領」は前文と8か条からなり、子どもの最善の利益や発達保障をその根幹に据えつつ、保護者に対する子育て支援を大切な責務としています。続いて、保育者、特に保育士を中心として、その責務と倫理について考えてみます。

(2) 保育士資格法定化の概要と意義

保育士資格は、２００３（平成15）年11月29日から、名称独占資格として児童福祉法に規定される資格となりました。保育士の業務（児童福祉法第18条の4）として、「児童の保育」

と「児童の保護者に対する保育に関する指導」（保育指導）[1]の２つが規定されています。

法定化により、保育士の権利と義務が生じます。権利としては、保育士の登録をした人しか保育士と名乗ってはならないという名称独占（法第18条の23）が挙げられます。名称独占とは、サービスの利用者を保護する観点から、ある一定の技能を有している者を国家が証明し、その証明を受けた者のみに特定の名称の使用を認めることを言います。すなわち、保育という行為は誰が行ってもよいが、プロの保育と素人の保育とは質が異なり、それを利用者や第三者が見分けられるようにすることが名称独占の意義であると言えるでしょう。

これにともない、法定化された義務は大きく２つあります。その第一が、知り得た個人の秘密を守るという守秘義務（法第18条の22）であり、第二が信用失墜行為の禁止（法第18条の21）です。守秘義務違反には罰則が適用され、また、登録の取り消しや保育士の名称使用の制限などの行政処分も行われます。

信用失墜行為の禁止とは「保育士は、保育士の信用を傷つけるような行為をしてはならない」というものであり、具体的には、犯罪行為や守秘義務違反、体罰行為などが挙げられます。この違反に該当すると判断されると、保育士としての登録が取り消されたり、一定期間、保育士の名称を使用することができなくなる処分が知事により下されます。専門職として社会から認知されるということは、社会的に重い責任が課せられることでもあると自覚したいと思います。

⑶ 対人援助専門職と倫理綱領

対人援助の専門職は、その行為が利用者の人権や人としての尊厳、生命並びに発達などに大きな影響を与えるため、専門職としての倫理を守ることは絶対的に必要と言えます。このため、ほとんどの対人援助専門職が専門職団体をつくり、また、法定化された倫理以外の事項も含めた独自の倫理綱領や、それを実践レベルに落とし込んだ行動規範を定めています。

こうした倫理綱領、行動規範は、それぞれの専門職が最も大切にしている価値を実現するための具体的行動指標・規範であると言えます。それは、それぞれの専門職における価値と規範の共通理解を図るものであると同時に、利用者や連携する他の専門職種、一般市民、利用者などに対する役割の提示や宣言という意味も持っています。

⑷「全国保育士会倫理綱領」の内容

「全国保育士会倫理綱領」は、前文と8か条から成っています。まず、前文では、すべての子どもの受動的権利と能動的権利を認め、子どもが自ら育つ力を支え、保護者の子育てを支え、さらに、子どもの育ち、子育てを支援する専門職として、そこから見えてくることを社会に対して発信し、子どもと子育てにやさしい社会を創り上げることを高らかにうたい上げています。そして、続く8か条において、保育士の社会的使命と責務を簡潔に提示しているのです。

まず、条文1は、保育士が最も依拠すべき行動原理は「子どもの最善の利益の尊重」であることを表現しています。条文2から4は、対人援助の専門職である保育士の「利用者に対する倫理」を表現しています。条文2は子どもと関わる際の原理であり、それは「子どもの発達保障」であることを示しています。

条文3は保護者と関わる際の原理であり、それは「協力関係」、すなわち保護者とのパートナーシップであることが示されます。そして条文4は、その両者を支援する際の根源的倫理として、プライバシーの尊重、すなわち、保育を通して知り得た個人の秘密の守秘と個人情報の適切な取扱いを提示しているのです。

続いて条文5は、所属機関（この場合は保育所、幼保連携型認定こども園）における業務改善のための努力を表現しています。それは、職場内のチームワークと外部とのネットワーク

全国保育士会倫理綱領

すべての子どもは、豊かな愛情のなかで心身ともに健やかに育てられ、自ら伸びていく無限の可能性を持っています。

私たちは、子どもが現在(いま)を幸せに生活し、未来(あす)を生きる力を育てる保育の仕事に誇りと責任をもって、自らの人間性と専門性の向上に努め、一人ひとりの子どもを心から尊重し、次のことを行います。

私たちは、子どもの育ちを支えます。

私たちは、保護者の子育てを支えます。

私たちは、子どもと子育てにやさしい社会をつくります。

(子どもの最善の利益の尊重)

1. 私たちは、一人ひとりの子どもの最善の利益を第一に考え、保育を通してその福祉を積極的に増進するよう努めます。

(子どもの発達保障)

2. 私たちは、養護と教育が一体となった保育を通して、一人ひとりの子どもが心身ともに健康、安全で情緒の安定した生活ができる環境を用意し、生きる喜びと力を育むことを基本として、その健やかな育ちを支えます。

(保護者との協力)

3. 私たちは、子どもと保護者のおかれた状況や意向を受けとめ、保護者とより良い協力関係を築きながら、子どもの育ちや子育てを支えます。

(プライバシーの保護)

4. 私たちは、一人ひとりのプライバシーを保護するため、保育を通して知り得た個人の情報や秘密を守ります。

(チームワークと自己評価)

5. 私たちは、職場におけるチームワークや、関係する他の専門機関との連携を大切にします。

　また、自らの行う保育について、常に子どもの視点に立って自己評価を行い、保育の質の向上を図ります。

(利用者の代弁)

6. 私たちは、日々の保育や子育て支援の活動を通して子どものニーズを受けとめ、子どもの立場に立ってそれを代弁します。

　また、子育てをしているすべての保護者のニーズを受けとめ、それを代弁していくことも重要な役割と考え、行動します。

(地域の子育て支援)

7. 私たちは、地域の人々や関係機関とともに子育てを支援し、そのネットワークにより、地域で子どもを育てる環境づくりに努めます。

(専門職としての責務)

8. 私たちは、研修や自己研鑽を通して、常に自らの人間性と専門性の向上に努め、専門職としての責務を果たします。

社会福祉法人　全国社会福祉協議会

全国保育協議会

全国保育士会

を図る姿勢、自己点検・自己評価に基づいて業務の改善に努力する姿勢として示されています。

条文６と７は、社会との関係に関する倫理を表現しています。条文６は、保育を通して理解された子どもと保護者のニーズを、社会に対して代弁していくことを求めています。そのうえで、行政や地域社会に働きかけていくことを表現しています。条文７は、地域のネットワークによって子育て家庭に対する支援を進め、子どもと子育てにやさしい地域社会づくりに貢献することを誓っています。

最後の条文８は、文字どおり専門職としての責務を表現しています。それは、条文１から条文７までに示されている社会的使命・責務を誠実に果たしていくこと、そのための研修、自己研さんに励むこととされています。

⑸ 倫理綱領を実践に生かすために

どのような立派な倫理綱領があっても、それが空文化してしまってはなんにもなりません。倫理綱領を実践に生かしていくことが必要とされます。そのためには、今後、保育士一人ひとりが倫理綱領の内容を実践に落とし込んでいく作業が必要とされます。具体的には、各条文を事例とともに解説した書籍などを読み、「もし、自分がそれぞれの事例の場面に遭遇したら……」という視点で、自らの保育観を確認していくことが必要とされます。事例について、グループ討議などしながら共通理解を深めていく作業も有益でしょう。日々の保育や保護者との関わりにおいて生かされてこそ、倫理綱領は地に足のついたものとして定着していくことになるのです。

【注】

1　２００８（平成20）年版保育所保育指針の解説書は、保育指導業務について、「子どもの保育の専門性を有する保育士が、保育に関する専門的知識・技術を背景としながら、保護者が支援を求めている子育ての問題や課題に対して、保護者の気持ちを受けとめつつ、安定した親子関係や養育力の向上をめざして行う子どもの養育（保育）に関する相談、助言、行動見本の提示その他の援助業務の総体をいう」と定義している。

【文献】

網野武博・無藤隆・増田まゆみ・柏女霊峰（２００６）『これからの保育者にもとめられること』ひかりのくに
阿部和子（２０１６）「『養護と教育が一体となって営まれる保育』を言語化することとは」全国保育士会保育の言語化等検討特別委員会編『養護と教育が一体となった保育の言語化――保育に対する理解

の促進と、さらなる保育の質向上に向けて』全国保育士会・全国社会福祉協議会
柏女霊峰・橋本真紀編（２０１１）『保育相談支援』ミネルヴァ書房
柏女霊峰・橋本真紀・西村真実・高山静子・山川美恵子・小清水奈央（２００９）「保育指導技術の体系化に関する研究」こども未来財団
柏女霊峰・橋本真紀（２０１０）『〔増補版〕保育者の保護者支援――保育相談支援の原理と技術』フレーベル館
柏女霊峰（２０１７）『これからの子ども・子育て支援を考える――共生社会の創出をめざして』ミネルヴァ書房
柏女霊峰（２０１８）「保育士の責務と倫理」柏女霊峰監修／全国保育士会編『〔改訂２版〕全国保育士会倫理綱領ガイドブック』全国社会福祉協議会
柏女霊峰（２０１８）「全国保育士協議会倫理綱領ガイドブック（三訂版）の活用を願う」柏女霊峰監修／独立行政法人国立病院機構全国保育士協議会倫理綱領ガイドブック三訂版作成委員会編『〔三訂版〕医療現場の保育士と障がい児者の生活支援』生活書院
柏女霊峰（近刊）「保育者の倫理について考える」「保育者の専門性について考える」柏女霊峰監修『保育者となる資質・能力を育む実習指導』（仮題）福村出版

第9章 保育を通じた地域との関係づくりや保育の発信について

1 保育と地域社会

特定教育・保育施設、特に、保育所・幼保連携型認定こども園（以下、「保育所等」）は児童福祉法によって児童福祉施設とされています。児童福祉施設は、地域の福祉文化発信の拠点としても位置づけられます。また、保育所等の多くは、公設公営ないしは社会福祉法人によって運営されています。社会福祉法人改革により、社会福祉法人には地域公益活動の実施が努力義務化されました。

さらに、保育所保育指針、幼保連携型認定こども園教育・保育要領には、「幼児期の終わりまでに育ってほしい姿」の1つに、「社会生活との関わり」があり、後述のとおり、地域に親しみを持つように育つことが期待されています。

本章では、子ども・子育てに関する地域福祉の拠点とも言うべき保育所、幼保連携型認定こども園と地域との関係について考えてみたいと思います。

2　保育の社会化を法令等に見る

まず、法令において保育所等と地域との関係はどのように規定されているか確認してみましょう。**表1**に拾い上げた他にも、「環境」の内容の取扱いに関する事項などにも、地域の文化と触れ合う必要性などが語られています。このように、保育所等が地域と関わること、それには、保育所等から発信、受信、他機関との協働の大きく3つのタイプがありますが、それらを通して、子どもの望ましい成長を育み、かつ、地域に対する社会的責任を果たしていくことが求められていると言えます。

表１　保育所保育指針に見る保育所等と地域との関係

第１章　総則

１　保育所保育に関する基本原則

（５）保育所の社会的責任

イ　保育所は、地域社会との交流や連携を図り、保護者や地域社会に、当該保育所が行う保育の内容を適切に説明するよう努めなければならない。

ウ　保育所は、入所する子ども等の個人情報を適切に取り扱うとともに、保護者の苦情などに対し、その解決を図るよう努めなければならない。

４　幼児教育を行う施設として共有すべき事項

（２）幼児期の終わりまでに育ってほしい姿

オ　社会生活との関わり

家族を大切にしようとする気持ちをもつとともに、地域の身近な人と触れ合う中で、人との様々な関わり方に気付き、相手の気持ちを考えて関わり、自分が役に立つ喜びを感じ、地域に親しみをもつようになる。（後略）

第２章　保育の内容

３　３歳以上児の保育に関するねらい及び内容

（２）ねらい及び内容

イ　人間関係

（ウ）内容の取扱い

⑥　高齢者をはじめ地域の人々などの自分の生活に関係の深いいろいろな人と触れ合い、自分の感情や意志を表現しながら共に楽しみ、共感し合う体験を通して、これらの人々などに親しみをもち、人と関わることの楽しさや人の役に立つ喜びを味わうことができるようにすること。（後略）

第４章　子育て支援

３　地域の保護者等に対する子育て支援

（１）地域に開かれた子育て支援

ア　保育所は、児童福祉法第48条の４の規定に基づき、その行う保育に支障がない限りにおいて、地域の実情や当該保育所の体制等を踏まえ、地域の保護者等に対して、保育所保育の専門性を生かした子育て支援を積極的に行うよう努めること。

（２）地域の関係機関等との連携

ア　市町村の支援を得て、地域の関係機関等との積極的な連携及び協働を図るとともに、子育て支援に関する地域の人材と積極的に連携を図るよう努めること。

出所：保育所保育指針をもとに柏女作成

3　地域公益活動――社会福祉法人改革と共生社会づくり

前述したように、社会福祉法改正により２０１７〈平成29〉年度から、本格的に社会福祉法人改革がスタートしています。その内容は、

①法人ガバナンスの強化を図るための理事会、評議員会の改革
②事業運営の透明性の向上、ホームページの充実、運営の公開、第三者評価の推進
③財務規律の強化
④地域における公益的な取り組みの努力義務化
⑤行政関与のあり方の充実

などとなります。

社会福祉法人制度は、そもそも社会福祉事業を行う者に公金を投入することができるようにするために、社会福祉事業法（１９５１〈昭和26〉年）によって創設された法人制度です。

地域の社会福祉問題に先駆的に取り組むミッションに対して、税制優遇制度などが継続しています。しかし、社会福祉法人が補助金事業のみに取り組み、地域の福祉課題に積極的に取り組む姿勢を失い、かつ、優遇されている税制等を背景として一部法人における内部留保が問題となり、さらに、親族が理事を占め、評議員会もないなど、その運営が不透明な法人があるとの批判を浴びることとなり、前記5点の改革が実施されました。

ここでは、地域における公益的な取り組みの義務化が重要なテーマとなります。２０１６（平成28）年の改正社会福祉法第24条第２項[1]において規定化され、何が公益的なのかなど活動の実際については厚生労働省により詳細な規定[2]がなされていますが、いずれにしても、地域の福祉課題に法人、施設としてできる範囲で、公益的活動に取り組むことが義務化されたのです。

特に、子ども家庭福祉分野の「地域における包括的・継続的支援[3]」の充実にとって、社会福祉法人の地域公益的活動の意義は大きいと言えます。１つの法人での展開には限界があったとしても、複数法人の協力にＮＰＯや地域組織、ボランティア等が関わったプラットフォームを形づくることによる展開の可能性[4]は高いと言えるでしょう。高齢者分野や障害者分野の法人が持つ資源と、子ども家庭福祉・保育分野の事業体が有するノウハウが協働する意義も大きいと言えます。

4　保育所等の地域との関係

保育所等と地域との関係の目的、機能は以下の5点にまとめられるかと思います。無論、それぞれが独立した要素ではなく、1つの活動には、以下のすべての要素が含まれていると考えるべきでしょう。

(1) 園児参加型の地域活動

まず、子ども参加型の地域活動が挙げられます。前述した「幼児期の終わりまでに育ってほしい姿」のなかの「地域の身近な人と触れ合う中で、人とのさまざまなかかわり方に気付き相手の気持ちを考えて関わり、自分が役に立つ喜びを感じ、地域に親しみをもつようになる」ことをめざす活動です。具体的には、以下の活動が挙げられます。

①遊びを通して、園児と保護者、地域の方との交流の場を設ける

②園外保育を通し、地域の方々との関わりを深める
③子どもたちと一緒にさまざまなエコ活動の展開（古紙回収、地域のごみ拾い、エコキャップ集め、グリーン活動など）
④ふるさと教育研究委員会をつくり、保育者自身が自然、食、文化に触れる体験活動を行いながら「わが町を体感する保育プログラム」を作成
⑤ふるさと教育を視点として保小連携活動を実施
⑥自然体験活動（山歩き、親子登山、田んぼ・土手遊び、畑作業、泥んこ遊び、自然物遊び）
⑦地域体験活動（郷土食、地域の先生、ひだまりルーム、ミニデイサービスへの参加）
⑧地域の方々と子どもたちとのふれあい体験（花壇花植え、七夕お茶会、運動会、老人施設訪問、そば打ち体験など）
⑨親子での自然体験活動

⑵ 地域公益的活動

前述した社会福祉法人改革にともなう地域公益的活動であり、①社会福祉事業または公益事業を行うにあたって提供される「福祉サービス」であること、②「日常生活または社会生

活上の支援を必要とする者」に対する福祉サービスであること、③無料または低額な料金で提供されること、の３つが条件とされています。しかし、そこまではいかないかもしれませんが、地域に役立つ活動はさまざまな形で展開されることが想定されます。具体的には、以下のような活動が挙げられます。

①さくらんぼ広場：園庭開放・親子遊び、絵本サロン、育児講座、親子で遊ぼう
②地域の子育て家庭への長期的スパンでの関わり：いのちの授業など
③親育ちプログラム事業（ＮＰ）の継続実施

その他、⑴の活動も、園における地域公益活動としての意味合いも持っていると考えられます。

⑶ 保育情報の提供

事業者が提供する保育情報は、保育の内容等、すなわち、一日の過ごし方、年間行事予定、当該保育所の保育方針、職員の状況、その他当該保育所が実施している保育の内容に関する

事項等について情報を開示し、保護者等が適切かつ円滑に利用できるようにすることが規定されています。そのなかには、保育所が地域に発信できる情報も含まれていると考えられます。具体的には、以下の活動が挙げられます。

①園やサロン、地区の活動内容を知らせるポスターの掲示
②保育所の内容、一日についてのＤＶＤの作成と紹介
③ホームページによる保育日誌の配信

⑷子育て文化の発信

保育所が拠点となって、子どもや子育てに多くの人が関心を持つことができるよう、子どもたちを社会全体で育んでいく子育て文化を地域社会に発信することが重要となります。中高生の保育体験活動、食育関連活動、その他行事等を通じた地域との関わりなどが進められています。具体的には、以下の活動が挙げられます。

①区域の民間保育園11園の子育て支援担当者による質問紙調査の実施とそれに基づく活動

②子どもの睡眠についての質問紙調査と結果の地域保護者へのフィードバック
③家庭での生活リズムの見直しのための質問紙調査と「はやおき・はやねカレンダー」の作成
④地域の実態調査とそれを踏まえた保育のあり方を地域保育士会で議論
⑤地域交流誌の発行

(5) 機関連携、地域との連携

これは、保育所等に通所する子どもと保護者に対して、法令に基づく機関連携を図りながら、その子どもと家族、保護者の福祉を図る活動と言えます。特に、特別な配慮を必要とする子どもと家庭に対する関係機関と連携しての支援は、特定教育・保育施設の大切な業務と言えます。

ア　特定教育・保育施設及び特定地域型保育事業の運営に関する基準

第三十一条　特定教育・保育施設は、その運営に当たっては、地域住民又はその自発的な活動等との連携及び協力を行う等の地域との交流に努めなければならない。

イ　児童虐待の防止等に関する法律：早期発見の努力義務、通告義務
ウ　配偶者からの暴力の防止及び被害者の保護等に関する法律：通報の努力義務
エ　障害を理由とする差別の解消の推進に関する法律：不当な差別的取扱いの禁止、合理的配慮
オ　要保護児童対策地域協議会への参画

5　活動事例の紹介

私は都内で保育園他を運営している社会福祉法人に学生ボランティア、評議員、理事として半世紀近く関わり、現在、理事長職を務めています。法人では、年配者プログラムとして、以前から週に1回、11時半から13時まで、近隣お年寄りの昼食会を開催しています。これは、「ふれあい給食事業」を土台として拡充したもので、子どもたちも身近なおじいちゃん、おばあちゃんとして親しんでいます。利用料は月1500円です。

2018（平成30）年3月現在、登録会員は70歳代から90歳代を中心とする地域の高齢者63名で、保育所給食部の支援による昼食をとりながらホールで懇談する活動を続けています。

体力的な機能低下や認知機能の低下が見られる高齢者も多く、必要に応じ、介護サービス等に結びつけたりもしています。

４名の保育士が交替でこの会の運営に加わり、乳児担当保育士が食事前に０歳児を抱いて訪問したりし、また、１・２歳児は雨天時の室内散歩コースの一部として訪問を続けています。幼児は年中行事の際に作品を紹介したり、練習している歌を本番前に披露したりしています。さらに、年長児は玄関先や受付に立って、名前をお聞きして靴や名札を手渡したりしています。こうした活動は、セツルメント、地域福祉施設として活動を開始し、「自分と友だちや他の人々との違いを認め、共に生活するための努力ができるようになる」ことを保育目標の１つとする当保育園の重要な活動の１つと位置づけています。

６　子はかすがい

子どもは大人が次の世代に贈る生きたメッセージであり、子育ては次世代を育む営みと言われます。「子はかすがい」と言われますが、子育ては人と人とをつなぎ、また、時代と時代とを結ぶかすがいでもあります。地域の社会資源としての特定教育・保育施設が地域と関わり、それがまた、子どもたちの育ちに好影響を与えていくことになります。地域のつながりの希薄化が進み、また、関係機関の専門分化が進む現在、保育の社会化はこれからますます大切になってくることでしょう。

【注】

1　社会福祉法第24条（略）
　2　社会福祉法人は、社会福祉事業及び第二十六条第二項に規定する公益事業を行うに当たっては、日常生活又は社会生活上の支援を必要とする者に対して、無料又は低額な料金で、福祉サービスを積極的に提供するよう努めなければならない。

2　厚生労働省通知「社会福祉法人の『地域における公益的な取組』について」（平成28年6月1日・社援基発０６０１第1号）に要件等が規定されている。

3　子ども家庭福祉分野におけるいわゆる高齢者福祉における地域包括ケアに相当するシステムづくりであり、筆者の定義は以下のとおりである。「子ども家庭福祉分野における地域包括的・継続的支援体制とは、市町村域ないしは市内のいくつかの区域を基盤として、子どもの成長段階や問題によって制度間の切れ目の多い子ども家庭福祉問題に、多機関・多職種連携により包括的で継続的な支援を行い、問題の解決をめざすシステムづくり並びにそのシステムに基づく支援の体系をいう」。

4　筆者が委員長を務めた検討会が提出した、新たな子ども家庭福祉の推進基盤の形成に向けた取り組みに関する検討委員会（２０１４）「子どもの育ちを支える新たなプラットフォーム――みんなで取り組む地域の基盤づくり」（全国社会福祉協議会）は、子ども・子育て支援制度の創設を機に制度上の課題と民間サイドの取り組みの視点を整理し、地域の基盤づくりとしてのプラットフォームの意義と想定される活動例を取り上げている。さらに、プラットフォームの基本機能並びにその立ち上げと展開に向けた具体的取り組みや手順を整理している。

5

全国保育協議会では、全国大会において毎年、保育の社会化に向けた実践事例を紹介、検討する分科会を設けており、過去５年の間だけでもさまざまな実践事例が紹介されている。ここでは、それらの事例から、⑴から⑷にわたる代表例を拾い上げてみた。

【文献】

柏女霊峰（２０１５）『子ども・子育て支援制度を読み解く――その全体像と今後の課題』誠信書房

柏女霊峰（２０１７）『これからの子ども・子育て支援を考える――共生社会の創出をめざして』ミネルヴァ書房

第10章

福祉の視点から考える子ども育成の新しい理念

1 子ども育成の新しい理念の提案

2018（平成30）年7月27日、厚生労働省社会保障審議会児童部会放課後児童対策に関する専門委員会（柏女霊峰委員長）が中間とりまとめ「総合的な放課後児童対策に向けて」報告書（以下、「報告書」）を公表しました。報告書は、放課後子ども総合プランを次年度から引き継ぐ新たなプランの策定に資するため、検討が進められていたものです。このとりまとめでは、総合的な放課後対策の必要性とともに、新しい時代の子どもの育成支援についての考え方を提起したことが大きな特徴と言えます。ここでは、この報告書をもとに、乳幼児も含めたこれからの子ども育成の理念について、主として福祉（well-being、よりよく生きる）の観点から論じてみたいと思います。

2 報告書の問題意識と概要

専門委員会における議論は、主として、以下の問題認識から進められました。まず、児童健全育成対策、放課後対策が最初に考えられた昭和30年代後半から見て、子どもたちの育ちや環境が大きく変わってきていることに着目し、健全育成概念も時代にあわせて変えていくことが必要との認識で一致しました。そこで、報告書の第1章で、子どもの育成についての新たな視点を、子どもの権利条約、生きる力、地域共生社会づくりの3つの動向から整理しました。

続いて、それらを踏まえたうえで、現在の放課後児童対策の実情について課題を提起しました。すなわち、所管省庁が複数にまたがること、実施主体や財源等が異なること、施策の相互連関がほとんどなされていないことなどが挙げられ、総合的な観点が必要との課題が提起されました。そして、そのことが十分検討されないままに、放課後子ども総合プランにより、放課後子供教室と放課後児童クラブの一体的実施だけに資源が投下されていることが、子どもの学校への抱え込みなどの課題を生み出していることを課題視しています。

そして、第3章では、放課後児童クラブの充実について提言しています。さらに、最後の「おわりに」で、総合的な放課後児童対策を創造していくための諸課題について提起しています。なお、付表として、現在の放課後児童対策一覧も整理していますので、ぜひ参考にしてみてください。報告書の概要は、**図10**のとおりです。

3　1962（昭和37）年の人づくり政策と子どもの健全育成

昭和30年代後半の池田内閣時代のいわゆる人づくり政策は、1962（昭和37）年12月22日閣議決定の「昭和38年度予算編成方針」に見られ、「3　文教を刷新充実し、『人づくり』政策を推進するとともに、科学技術の振興を図る」と記述されています。ちょうどその頃、1962（昭和37）年、中央児童福祉審議会は、「児童の健全育成と能力開発によって、その資質の向上を図る積極的対策に関する意見書」をとりまとめます。西郷氏（2017：38）は、このことについて、「『能力開発』等がキーワードになるなど東京オリンピック前の経済

図 10　総合的な放課後児童対策に向けて

（平成30年7月27日　公表）

放課後児童対策に関する専門委員会　中間とりまとめ（概要）

1．子どもたちの放課後生活の重要性とその理念

（1）児童の権利に関する条約と改正児童福祉法の理念を踏まえた子どもの主体性を尊重した育成

- ✓ 放課後児童対策の中で、全ての子どもに対し「子どもの最善の利益」を保障していかなければならない。「子どもの最善の利益」を保障するには、放課後児童対策に関わる者のあり方も問われる。
- ✓ 子どもの主体性や自己決定力の尊重や育成が、児童の権利に関する条約の精神からみた育成観である。

（2）子どもの「生きる力」の育成

- ✓ 子どもの自主性、社会性や自立を育む観点に立ち、放課後生活と学校教育を通じてともに「生きる力」を育成することが必要である。

（3）地域共生社会を創出することのできる子どもの育成

- ✓ 地域社会を構成する一員として、人と人がつながり合い、多様性を許容できる子どもを育てていくことが求められる。そのために、子どもが地域に関わりをもって育つことが保障されなければならない。

➡ 子どもが育つ場が多様に用意される必要があり、総合的な放課後児童対策の展開が求められる。

2．放課後児童対策の歴史的推移と現状及びその課題

- o 今後の放課後児童対策の方向性として、現行「放課後子ども総合プラン」を推進していく中で、地域の様々な施設を有機的に連携させ、どの地域の子どもも放課後に多様な体験が行えるようなあり方を目指すことが望ましい。
- o 社会的・福祉的課題に対応した放課後の事業の必要性が、公営、民営如何にかかわらず高まっている。児童福祉法の理念に基づき、これらの事業に対してどのような支援のあり方が考えられるか、検討が求められる。
- o 「児童館ガイドライン」に基づき、児童館の機能をより一層充実させていくことが期待される。
- o 子どもと保護者が放課後の居場所を選べるよう、情報を提供することやその情報を提供しコーディネートする役割が必要があると考えられる。その際、放課後児童対策全般についての実態把握、情報公開、子どもの権利擁護等が今後の課題となる。

3．放課後児童クラブの今後のあり方

（1）待機児童の解消（いわゆる「量の拡充」について）

- o 女性の就業率の上昇等を踏まえたニーズを見込み、新たな整備目標を設定した上で、必要な受け皿整備を着実に進める必要がある。
- o 「放課後子ども総合プラン」に基づく放課後児童クラブと放課後子供教室との「連携」又は「一体型」の実施において、学校施設に加え、今後は児童館や社会教育施設等を活用することも求められる。その際も、放課後児童クラブに通う子どもの生活の場としての機能を十分担保し、育成支援の環境に配慮する。
- o 4年生以上の高学年児童の待機児童の解消方策として、放課後児童クラブの整備に加え、地域の中に多様な居場所を確保することが求められる。
- o 放課後児童支援員を支援したり、その資質を高めるという観点から、専門的な知識や技能を持ったスーパーバイザー的な職員の配置を検討することも考えられる。

（2）質の確保

①放課後児童クラブに求められるもの

- o 「放課後児童クラブ運営指針」が求める育成支援の内容を全ての放課後児童クラブで実現できるよう、放課後児童支援員の育成や資質の向上により一層取り組む必要がある。
  （例）「運営指針解説書」を研修のテキストとして活用、運営指針に基づき育成支援を行っている事例の収集・公開等
- o 放課後児童クラブの質の確保にあたって、情報公開の推進、自己評価とその公表、第三者評価の実施や子どもの安全確保の体制の整備は重要な視点である。
  （例）自己評価の項目例作成、第三者評価の導入や具体的方法の検討等

②放課後児童支援員のあり方・研修について

- o 放課後児童支援員は、放課後児童クラブにおいて子どもの「育成支援」を行う専門的な知識を有する者として置かれたものであり、様々な職務を担っている。放課後児童支援員の職務が確実に行われるよう、処遇改善が望まれる。
- o 放課後児童クラブの整備に合わせ、その運営に必要な人数の放課後児童支援員を確保すると同時に、その方策について検討する必要がある。
- o 放課後児童支援員認定資格研修について：経過措置が終了する2020年度以降のあり方を速やかに検討する必要がある。
- o 放課後児童支援員資質向上研修について：研修体系の整理や研修内容の充実方策等について、今後検討すべきである。

出所：厚生労働省（2018）

開発や国の再建を懸けた人材開発が喫緊の課題であった」と述べ、福祉にも人材開発の一端を担うことが期待されていったと述べています。この頃、子どもの健全育成概念が定着していったと考えられ、今に至っています。

4　平成30年代の子ども育成概念の提案

当時から半世紀以上を経て、今まさに「人づくり」革命が政府によって提起されています。しかし、新しい時代の人づくり、特に、人々がよりよく生きるという福祉の視点からの人づくりは、社会の「人材」の養成のみにとどまらない視点が必要とされます。人と人とがともに、より良く暮らすことを重視していくことが必要とされています。

20年ほど前から、文教政策からは「生きる力」の育成が提起されています。もちろん、その必要性を否定するわけではありませんが、それをも包含する新しい子どもの育成理念が、論じられなければならない時代になっていると思います。専門委員会で、こうした認識に立って、新しい子ども育成の理念を提起することを心掛けました。

5 児童の権利に関する条約と改正児童福祉法の理念を踏まえた子どもの主体性を尊重した育成

まず、最初に挙げられるのは、「児童の権利に関する条約と改正児童福祉法の理念を踏まえた子どもの主体性を尊重した育成」です。２０１６（平成28）年６月、児童福祉法の理念が70年ぶりに改正されました。第１条冒頭では、「全て児童は、児童の権利に関する条約の精神にのっとり、適切に養育されること」が子どもの権利であることが示されています。そして、それを保障する社会資源の１つが、特定教育・保育施設、児童厚生施設や放課後児童クラブです。つまり、法令から見れば、特定教育・保育施設、児童厚生施設や放課後児童クラブの育成支援観は、「子どもの権利条約の精神にのっとって育成する」[1]ことでなければならないのです。

条約第３条は、子どもの最善の利益を保障しようとする大人の責務を強調します。一方で、条約第12条は、子どもの年齢及び成熟度に従って子どもの意見を尊重すべきことを規定しており、本条約が発達的視点を有していることを示しています。それは、主体的に生きる子どもの自己決定力の育成と尊重という視点であると言えます。

子どもが自己の意見を持つことができるように成長するためには、幼少期から自分で考え、自分で決定するという体験が必要とされます。つまり、主体性、自己決定力を育むことが、条約の精神から見た育成観となります。一方、人は他者から十分に聴かれる（傾聴される）ことにより、自己の見解や心を整理していくことができます。その意味では、第12条が十分に満たされることによって、人は自己にとって最も良い決定に近づくことができると言えます。第12条が十分に保障されて初めて、第3条が達成されるのです。また、第3条が満たされることにより、第12条が達成されるのです。子どもの最善の利益を保障しようとする大人の責務と、子どもの主体性、自己決定、自律の育成とは、コインの裏表でもあることが理解できます。

子どもは自ら自己の可能性を最大限に発揮しようとする主体的存在であり、それを支え、保障する支援者の関わりがあることで、自己の意見を持つことができるなど主体的に生きることができるよう成長するとともに、他者の存在をも尊重することができるようになります。

一人ひとりの子どもの尊厳を大切にし、一人ひとりの子どもが今このときを主体的に生き生きと過ごすことをめざし、一人ひとりの可能性が最大限に発揮できるよう側面的に支援し、また、子どもたちに寄り添うことを大切にする育成支援が、福祉の視点から見た育成観であると言えるでしょう。こうした支援者の関わりが子どもの主体性を育て、また、他の子どもの主体性をも尊重する「共生」を育んでいくのだと思います。

6　子どもの「生きる力」の育成

生きる力について、報告書の脚注は、「『生きる力』とは、1996（平成8）年7月の中央教育審議会の答申において、基礎・基本を確実に身に付け、いかに社会が変化しようと、自ら課題を見付け、自ら学び、自ら考え、主体的に判断し、行動し、よりよく問題を解決する資質や能力、自らを律しつつ、他人とともに協調し、他人を思いやる心や感動する心などの豊かな人間性、たくましく生きるための健康や体力などであると指摘されている。（文部科学省『小学校学習指導要領　解説　総則編』2017〈平成29〉年6月）」とまとめています。「生きる力」の育成は学習指導要領においても基本理念に置かれ、また、就学前保育においても「生きる力の基礎を培う」とされるなど、重要な目標概念とされています。このように、「生きる力」の育成は、不透明な社会に生きるこれからの子どもの育成観としてとても重要な概念であると言えるでしょう。

報告書では、「子どもにとって放課後は、学校で学んだことや家庭で身に付けたことを生かしながら、自主的・主体的な遊びや生活の体験を通じて、人として生きていくための知恵や社会性を育むことができる大切な時間・空間である。放課後という時間・空間は、『生きる力』の育成において、大きな役割を果たしていると言える」と記述し、「生きる力」の育成が欠かせないものとなっていることを指摘しています。2つ目に大切な理念と言えると思います。

7 地域共生社会を創出することのできる子どもの育成

3つ目に忘れてはならないこととして、これからの福祉社会の目標概念である「地域共生社会」を創出することができ、そのなかの一員としての役割を積極的に果たすことのできる子どもたちの育成を挙げておかねばならないでしょう。地域共生社会とは、「『地域共生社会』の実現に向けて（当面の改革工程）」（平成29年2月7日・厚生労働省「我が事・丸ごと」地域共生社会実現本部決定）によれば、「『地域共生社会』とは、このような社会構造の変化や人々の暮らしの変化を踏まえ、制度・分野ごとの〈縦割り〉や『支え手』『受け手』という関係を超えて、地域住民や地域の多様な主体が参画し、人と人、人と資源が世代や分野を超えつながることで、住民一人ひとりの暮らしと生きがい、地域をともに創っていく社会を目指すものです」とされています。また、報告書は、地域共生社会づくりと子どもの育成について、「障害の有無、男女、年齢、国籍にかかわらず、全ての人がお互いの人権や尊厳を大切にし、支え合い、誰もが分け隔てなく、生き生きとした人生を送っていく共生社会は、福祉における重要な考え方のひとつである。子どもも地域社会の一員として、共生社会という観点から放課後の生活を見直す必要がある」と述べています。前述した、子どもの権利条約の育成観にも通ずる視点であると言えます。

地域共生社会はいわば社会づくりの目標概念と言えます。しかし、それをつくっていくのは、地域のなかで暮らす一人ひとりの住民ということになります。子どもたちも、その一員として育つことが期待されています。報告書は、「子ども、高齢者、障害者のみならず、全ての人々が共生できる地域社会をつくるためには、子どもたちが地域に関わりをもって育つことが保障されなければならない。子どもたちを地域全体で育む仕組みづくりのためには、放課後児童クラブ等放課後児童対策として考えられる各種事業と地域や学校との関係・連携をよりよい形で構築していくことが重要な視点となる」と述べ、地域との関わりの重要性を提起しています。子どもたちを学校に抱え込まず、それが困難な場合には学校内に地域社会の人々を組み込み、地域社会の人々とともに生きていける環境を用意しなければならないのです。特定教育・保育施設と地域社会との関係づくりも、こうした視点から重要とされています。

8　新しい子ども観と保育

これまで、乳幼児も含めたこれからの子ども育成の理念について、放課後児童対策専門委員会の報告書をもとにしながら、主として福祉の視点から論じてきました。報告書に明記された「児童の権利に関する条約と改正児童福祉法の理念を踏まえた子どもの主体性を尊重した育成」「子どもの『生きる力』の育成」「地域共生社会を創出することのできる子どもの育成」の3つの視点は、報告書も言うとおり、これからの「健全育成の理念としても位置付けられる」と考えられます。

報告書は第1章の末尾で、「これらの視点を放課後児童対策の理念として位置付けるならば、子どもが育つ場は多様に用意される必要があり、総合的な放課後児童対策の展開が求められる」と結んでいます。特定教育・保育施設における保育観としても、その基本として位置づけられなければならない重要な視点だと思います。

【注】

1　子どもの権利条約による子どもの育成観については、⑴国連・子どもの権利委員会（２０１３）・平野裕二訳『「自己の最善の利益を第一次的に考慮される子どもの権利（第３条第１項）」に関する一般的意見14号』国連文書番号CRC/C/GC/14　ＡＲＣ　平野裕二の子どもの権利・国際情報サイトhttps://www26.atwiki.jp/childrights/、⑵国連・子どもの権利委員会（２０１３）・平野裕二訳『「意見を聞かれる子どもの権利」に関する一般的意見12号』国連文書番号CRC/C/GC/12　ＡＲＣ　平野裕二の子どもの権利・国際情報サイトhttps://www26.atwiki.jp/childrights/などに見ることができる。

【文献】

網野武博（２００２）『児童福祉学――〈子ども主体〉への学際的アプローチ』中央法規出版
柏女霊峰（２０１７）『これからの子ども・子育て支援を考える――共生社会の創出をめざして』ミネルヴァ書房
西郷泰之（２０１７）『児童館の歴史と未来――児童館の実践概念に関する研究』明石書店

第11章 子ども・子育て支援制度と共生社会の創出

1 子ども・子育て支援と共生社会づくり

子ども・子育て支援制度が創設されて4年が過ぎ、各自治体においては、第1期計画の中間見直しも行われました。また、制度発足後5年後の見直し、つまり第2期計画の策定作業に向けての検討も開始されています。その際に必要とされるのは、子ども・子育て支援制度に社会づくりの視点を明確に入れていくことと思います。本章では、子ども・子育て支援制度を含む子ども家庭福祉における共生社会づくりの視点について整理したいと思います。

子ども・子育て支援制度の創設は、利用者主体の視点や当事者の権利性を重視した仕組みの導入であると言えます。子ども・子育て支援法は、その理念について、「子ども・子育て支援は、父母その他の保護者が子育てについての第一義的責任を有するという基本的認識の下に、家庭、学校、地域、職域その他の社会のあらゆる分野における全ての構成員が、各々の役割を果たすとともに、相互に協力して行われなければならない」（第2条）と述べており、社会連帯による子ども・子育て支援を強調しています。

児童福祉法は子ども家庭福祉に対する国及び地方公共団体、つまり「公」による責務を強調しており、児童福祉法と子ども・子育て支援法が相まって、子ども家庭福祉が推進されると考えられます。これに、教育基本法、学校教育法、いわゆる認定こども園法等の人づくり政策を担う教育関係法が関わってきます。保育サービスの適切な展開には、こうした「社会連帯」「公的責任」「人づくり」の3つの視点の整合性の確保が重要と思います。

2 複雑化する家庭福祉制度と包括的支援の必要性

子ども家庭福祉制度は、社会的養護制度、母子保健制度や障害児支援制度（障害者給付等制度）、並びに2015（平成27）年度から創設されている子ども・子育て支援制度等を包含していますが、それぞれの制度体系は、かなり異なった供給体制をとっています。サービス体系ごとに実施主体が都道府県、市町村に分断されているのみならず、利用方法やサービス支給決定プロセス、サービス給付に関わる費用負担や財源等が異なっており、高齢者福祉、障害者福祉等に比べて非常に複雑な供給体制となっています。

少子・高齢社会の到来にともない、多くの人があたりまえのように福祉サービスを利用し、また、多くの人が、これまたあたりまえのように福祉サービスの担い手となることのできる、福祉の「普遍化」が進められています。しかし、また一方で、困難な生活問題を抱える利用者を長期にわたって支え、あるいはケアし、さらには専門的に支援する福祉の「専門化」も求められています。

この福祉の「普遍化」と「専門化」という2つの命題を、現代社会のなかでどのように整合化させ、システムとして実現していくかが問われているのです。特に近年では、価値観の流動化のなかで生じてきた各種の生活課題と、現行のサービス供給体制や具体的サービスとの乖離が大きくなっており、高齢者分野を中心に地域包括ケアが進められるなど、共生社会の創出を基本理念とするサービス供給体制の再構築が求められている現状にあると言えるでしょう。子ども家庭福祉分野も例外ではありません。

3 公民協働による切れ目のない支援を進める

子ども家庭福祉分野において包括的で切れ目のない支援を進めるためには、まず、この複雑化した子ども家庭福祉制度体系全体を一元的な制度に近づけていく改革が欠かせません。サービス決定権限の市町村における一元化とそれを補完する都道府県等の権利擁護システムの整備が必要とされます。平たく言えば、保育と社会的養護との実施体制の一元化が求められているのです。

しかし、それだけでは、包括的で切れ目のない支援は実現できないと思います。制度は、その性格上、切れ目が生じることが宿命と言えます。インクルーシヴな社会づくりを実現するためには、切れ目を埋める民間の制度外活動を活性化し、制度内福祉と制度外活動との協働が必要とされます。制度の隙間を埋め、課題を抱える子どもや子育て家庭を発見、支援し、必要に応じて専門機関につなぐなど制度と協働した民間の役割が重要となってきます。

全国社会福祉協議会は、２０１０（平成22）年12月に「全社協　福祉ビジョン２０１１」を策定しています。同提言は、「現在の福祉課題・生活課題の多くは、つながりの喪失と社会的孤立といったことと関わりが深く、住民・ボランティアがこうした問題に目を向け、要援助者と社会とのつながりを再構築していく取り組みが期待されているのです」と述べ、制度内福祉サービスの改革とともに制度外福祉サービス・活動の開発・実施を提言しています。

また、全国社会福祉協議会は、こうした民間活動の活性化を子ども家庭福祉分野において図るため、２０１４（平成26）年10月末に「子どもの育ちを支える新たなプラットフォーム――みんなで取り組む地域の基盤づくり」と題する報告書[1]を提出しています。こうしたプラットフォームが基盤となって個々の子どもや家庭に対する支援ネットワークが形成され、その結果、制度内福祉と制度外福祉の協働が進み、切れ目のない支援が実現していくのです。

4　共生社会創出のための子ども・子育て包括的・継続的支援の可能性

共生社会創出の動向は、子ども家庭福祉にも、地域包括的・継続的支援の実践を要請することとなります。インクルーシヴな社会づくりを実現するためには、前述したとおり、制度間の切れ目を埋める民間の制度外活動を活性化させることが必要であり、このことにより、横向きの切れ目のない支援が実現すると考えられます。

また、「子ども」期の特性である「有期性[2]」ゆえに生じる問題を克服し、継続した支援を実現するためには、子ども期の始期と終期の切れ目克服、つまり縦向きの切れ目のない支援が必要とされます。子ども家庭福祉分野においても「地域における包括的・継続的支援」（以下、「地域包括的・継続的支援」）の可能性を探り、その概念や支援の枠組みを検討することが重要とされるのです。

２０１７（平成29）年改正社会福祉法（地域包括ケアシステムの強化のための介護保険法等の一部を改正する法律にともなう社会福祉法改正）においては、地域子育て支援拠点や利用者支援事業、子育て世代包括支援センター（母子健康包括支援センター）等の支援社会資源に、住民に身近な圏域において、分野を超えて地域生活課題に総合的に相談に応じ、関係機関と連絡調整を行う努力義務（社会福祉法第１０６条の２）が規定されました。また、地域福祉推進のため、市町村の体制づくりとして、「地域住民等及び支援関係機関による、地域福祉の推進のための相互の協力が円滑に行われ、地域生活課題の解決に資する支援が包括的に提供される体制を整備する」（社会福祉法第１０６条の３）努力義務が規定されています。このように、地域包括的な支援は、今後の社会福祉の重要な方向性としてとらえられています。

ちなみに、子ども家庭福祉分野の「地域包括的・継続的支援」の私なりの定義は、以下のとおりです。

「子ども家庭福祉分野における地域包括的・継続的支援体制とは、市町村域ないしは市内のいくつかの区域を基盤として、子どもの成長段階や問題によって制度間の切れ目の多い子ども家庭福祉問題に、多機関・多職種連携により包括的で継続的な支援を行い、問題の解決をめざすシステムづくり並びにそのシステムに基づく支援の体系をいう[3]」

5　今後の方向

今後は、子ども・子育て支援分野における地域包括的・継続的ケア進展の制度上の限界[4]を乗り越え、地域において公民が協働した取り組みを展開していくことが必要とされるでしょう。２０１７（平成29）年度施行の改正社会福祉法により社会福祉法人等の地域公益活動に対する社会的要請が高まっていますが、こうした活動の活性化が不可欠だと思います。このような実践が、子ども家庭福祉分野における地域包括的・継続的支援を生み出すことになると考えられるのです。また、２０１６（平成28）年改正児童福祉法により市区町村に置かれることとなった市区町村子ども家庭総合支援拠点の内実化[5]が今後の試金石となるのではないかと思います。

6　全国市区町村を対象とした調査結果と若干の考察

私たち[6]は、こうした課題に対応するため、一昨年度から昨年度にかけて、現状把握として全国市区町村に対する質問紙調査を行いました。現在、その詳細な分析を進め、かつ、特徴的な自治体や当該自治体に存する「市区町村子ども家庭総合支援拠点」になりうる機関・施設等に対するインタビュー調査も進めてきました。

調査は、(福)麦の子会が事務局となって行いました。全国市区町村を対象とする郵送法による質問紙調査と、質問紙調査の回答自治体のうち「地域包括的・継続的支援の拠点」設置に前向きとされる自治体から選定された10自治体を対象とするインタビュー調査とからなっています。

まず、質問紙調査結果においては、「地域包括的・継続的支援体制を構築するにあたって一番重要な要素」は、「全体をコーディネートできる専門職の確保」でした。その職種としては、社会福祉士や保健師が多く挙げられていました。また、拠点となりうる機関・施設については21％があると回答していました。さらに、拠点の機能としては、個別のケア・マネジメントを支援する機能、制度横断的活用のための調整機能、総合相談機能などが挙げられていました。また、クロス集計をしてみますと、拠点となる機関・施設があると回答した市区町村は、子ども家庭福祉供給体制の分権化に肯定的という結果でした。

このように、現状では、地域包括的・継続的支援体制を形づくる拠点となりうる機関・施設の有無、拠点の機能に対する期待とそれを確保することの重要性が読み取れる結果でした。ただ、まだ、そのような拠点が整備されていると考えている自治体は、あまり多くはないという結果でした。この調査については、今後、さらに、詳細なクロス分析、検定や人口規模基準の妥当性の確認に加え、インタビュー結果の質的分析を重ねていくこととしています。

7　今後に向けて

(1) 子ども家庭福祉行政実施体制の基礎構造改革

２０１６（平成28）年改正児童福祉法が施行されていますが、今回の改正児童福祉法の限界は、子ども家庭福祉の〝基礎構造〟に手をつけていないことだと思います。子ども家庭福祉はいまだに都道府県と市町村に二元化され、また、社会的養護を中心に職権保護を色濃く残す体制が続き、サービス利用のあり方も分野やサービスごとにばらばらのままの状態が続いています。

高齢者における地域包括ケアの実施主体は、市町村です。子ども家庭福祉においても、市町村（児童相談所の市設置を含む）が一元的に対応するシステムにし、都道府県並びに児童相談所が後方支援を担う仕組みを検討すべきではないでしょうか。そうしないと、地域における包括的・継続的支援も進まず、里親をはじめとする社会的養護の地域理解すらも進んではいかないでしょう。

また、サービス利用のあり方も簡潔なシステムとすべきでしょう。同じ児童福祉施設でありながら、保育所と幼保連携型認定こども園の利用方法も異なっています。また、同じ就学前児童を対象としているのに、保育所は月額単価方式、児童発達支援センターは日額単価方式であるなど、領域によって供給体制が全く異なっています。こうした領域ごとの供給体制の相違をできるだけ一元化し、地域包括的な支援ができやすい基礎構造とすることが必要な時期に来ていると思います。そのうえで、次項で述べる拠点の整備を進めていくことが求められています。

(2) 地域包括的・継続的支援のための拠点のあり方

(1)で述べた制度上の課題はありつつも、現実には、制度上の限界を乗り越え、子ども家庭福祉分野における地域包括的・継続的ケア進展を図り、地域において公民が協働した取り組みを展開していくことも必要とされます。市区町村子ども家庭総合支援拠点の整備が市町村の努力義務とされ、母子健康包括支援センター（子育て世代包括支援センター）も法定化されました。さらに、国庫補助事業である利用者支援事業も展開されています。この3つの包括的支援拠点の整理がなされ、全国展開へと結びつけていく必要があるでしょう。地域のなかに、子ども家庭福祉の領域横断的でワンストップにつながる核となる拠点を整備しなければならないと思います。

(3) 援助理念や援助方法の共有

子ども家庭福祉各領域における援助理念や援助方法の共有化も大きな課題となります。前述したとおり、子ども家庭福祉供給体制はいくつもの舞台に分かれています。それぞれの舞台では支援者が優れた支援を行っていますが、舞台が違うため交流も乏しく、それぞれのノウハウを共有することもできていない状況にあります。今後は、援助者同士の相互交流や協働、援助観のすり合わせも欠かせないものとなります。また、ソーシャルワークの手法も、個別領域ごとの手法ではなく、たとえばジェネラリスト・ソーシャルワークがその基礎として機能していくことが必要とされるでしょう。

8 共生社会づくりの理念

子ども家庭福祉分野の地域包括的・継続的支援体制の確立は、このようなマクロ、メゾ、ミクロの課題をいかに克服していくかにかかってくることとなります。そして、そこには、私たちがどのような社会を求めるのかといった社会づくりの理念が通底していることが必要とされます。

これからの子ども家庭福祉の理念は、共生社会の創出をめざしつつ、「子どもの権利保障」と「子育て家庭支援」を根幹に据えながら、「子どもの最善の利益を図る公的責任」の視点と、「社会連帯によるつながりの再構築」という視点を整合化させるという課題に立ち向かっていかなければならないと思います。そして、ここに、「教育」という人づくり政策はどのように関わってくるのでしょうか。まだ、その連立方程式が解かれている状況とは言えません。保育所、幼保連携型認定こども園の役割も、こうした社会づくりの視点から論じられていかなければならないと思っています。

【注】

1　報告書は筆者が委員長を務めた検討会が提出したもので、子ども・子育て支援制度の創設を機に制度上の課題と民間サイドの取り組みの視点を整理し、地域の基盤づくりとしてのプラットフォームの意義と想定される活動例を取り上げたものである。さらに、プラットフォームの基本機能並びにその立ち上げと展開に向けた具体的取り組みや手順を整理している。

2　子ども期の有期性をめぐる特性とその克服のための視点については、柏女霊峰（2017）「子どもの身体的・心理的・社会的特性と子ども家庭福祉ニーズ」『淑徳大学研究紀要（総合福祉学部・コミュニティ政策学部）』第51号、を参照されたい。

3　柏女霊峰（2017）『これからの子ども・子育て支援を考える——共生社会の創出をめざして』ミネルヴァ書房、15頁を筆者一部改正。

4　子ども・子育て支援分野における地域包括的・継続的支援につながると考えられる制度として現存するものとしては、要保護児童対策地域協議会や子育て世代包括支援センター（母子健康包括支援センター）、障害児相談支援事業（障害児相談支援専門員）、利用者支援事業（利用者支援専門員）などが挙げられる。しかしながら、いずれも公的分野を中心としていたり、分野限定だったりして、分野横断、継続支援、公民協働といった総合性、包括性に欠ける点は否めない。また、そのありようも統合されていない。さらに、民間の制度外福祉活動までをも包含した総合的なシステムになっているとは言えない。こうした点が、現制度上の限界と言える。

5　厚生労働省は２０１７（平成29）年3月、「市区町村子ども家庭総合支援拠点」設置運営要綱を策定し、通知している。その機能は、「コミュニティを基盤にしたソーシャルワークの機能を担」うものであり、支援にあたっては、「包括的・継続的な支援に努める」こととされている。

6　社会福祉法人麦の子会が日本財団から助成を受けて設置した「日本の子どもの未来を考える会」が２年にわたって、この調査研究を実施している。筆者はその座長を務めている。２年間の調査研究報告書は、麦の子会ホームページにてダウンロードが可能である。

【文献】

新たな子ども家庭福祉の推進基盤の形成に向けた取り組みに関する検討委員会（２０１４）「子どもの育ちを支える新たなプラットフォーム――みんなで取り組む地域の基盤づくり」全国社会福祉協議会

橋本真紀（２０１５）『地域を基盤とした子育て支援の専門的機能』ミネルヴァ書房

柏女霊峰（２００８）『子ども家庭福祉サービス供給体制――切れめのない支援をめざして』中央法規出版

柏女霊峰（２０１５）『子ども・子育て支援制度を読み解く――その全体像と今後の課題』誠信書房

柏女霊峰（２０１７）『これからの子ども・子育て支援を考える――共生社会の創出をめざして』ミネルヴァ書房

柏女霊峰（２０１７）「子ども家庭福祉分野における地域包括的・継続的支援の可能性――共生社会の創出をめざして」『日本子ども虐待防止学会第23回学術集会ちば大会抄録集』並びに発表ＰＤＦ

柏女霊峰（２０１８）『子ども家庭福祉論［第５版］』誠信書房
柏女霊峰（２０１８）「第1章総括報告　すべての子どもが日本の子どもとして大切に守られるために――子ども家庭福祉分野における地域包括的・継続的支援の可能性」『平成29年度日本財団助成事業報告書』日本の子どもの未来を考える研究会（麦の子会設置／柏女霊峰座長）
全国社会福祉協議会（２０１０）「全社協　福祉ビジョン２０１１」

おわりに

以前、同一法人が隣接して運営する保育所と幼稚園を、同時に視察したことがありました。そこでは、偶然、弁当づくりという同じ活動が展開されていました。幼稚園では子どもたちが机を囲んで6人ずつが座り、スライム他を使って弁当をつくっていました。子どもたちは弁当づくりに集中しており私に話しかけることはありませんでしたが、私が話しかけると嬉しそうに答えてくれました。保育者は立って全体の動きに対応しようとしており、そこには凝縮した時間の流れがありました。

一方、保育所では、子どもたちがテーブルのまわりで思い思いの姿勢で弁当づくりを行っていました。私が入室すると数人が私を席に案内してくれ、つくりかけの弁当を差し出して一緒に食べようと誘いかけ、私も仲間の一人として子どもたちの家庭での食事の様子など話を聞きながら、ともに食事場面を満喫しました。保育者もそばにひざまずいてそんな話に聞き入っており、そこにはゆったりとした時間の流れがありました。それはどちらも素晴らしい実践であると感じさせられ、まさに、保育の時間の流れや文化の相違を実感する一コマでした。

また、私が理事長を務めている保育園のプレイデーの日、園児たちの遊戯が行われるなか、隅の方でひときわのびやかに遊戯する一人の保育士が目につきました。私はてっきり若い保育士だと思っていたのですが、目を凝らすと、それはベテランの主任保育士でした。遊戯の時間は長かったのでさぞかし疲れるであろうにとも思いましたが、同時に、最後まで手を抜かずに、他の誰よりも大きく表現する姿勢に感動したことを覚えています。これがプロなのだなと。

保育の世界に入り込んで約20年、これまで幾度も保育場面を視察させていただき、また、たくさんの保育士から、保育と保護者支援にまつわるエピソードや利用者への思いを聞かせていただいてきました。そこには、豊かな保育の世界がありました。

本書は、そんな保育の世界を大切にしたいとの思いから生まれました。私は、主として保育制度並びに保育士が行う保護者支援の視点から保育を見ることとなりましたが、その背後に、これまで出会ったたくさんの保育士たちの言葉や姿が息づいていました。それは、やや大げさに言えば、全国にきらめく地上の星との対話と言ってよい作業でした。本書は、そんな地上の星たちに対する感謝の念とともに書き綴ったものです。一人ひとりお名前を挙げることはできませんが、この場を借りて心よりお礼申し上げます。

本書の執筆中、妻は認知症を悪化させ、在宅では支えきれなくなり、悩んだ末、近くのグループホームに入居することとなりました。在宅介護の間、着替え、入浴やトイレ介助の途中、私は一日に何度も、立ち尽くす妻の前でひざまずいていました。年を経るごとにひざまずく回数が多くなり、「ケアとはひざまずくことなのだ」と気づかされました。デイサービスやホームヘルプ、グループホームの介護士たちも、妻の前でひざまずいて介護をしてくれています。

本書が完成する間際、私は事務局の一人として全国地域福祉施設研修会に出席し、敬愛する阿部志郎氏のメッセージを伺う機会を得ました。氏はアジアの仏教における托鉢を例に、「そこでは、僧は立ったままで、鉢に食物を与える人がひざまずいています。これがサービスの本質なのです」と述べられました。「与える者からひざまずく者へ」、それがケアの本質なのだと聞かされた思いがしました。

トイレ介助などひざまずく行為は、ときに、自身の情けなさに直面させられます。誰も見ていないところで、他の誰にも見せてはいけないところで果てしなく続くひざまずく行為は、ときに介護者自身を追い詰めていきます。だからこそ、その行為に人は共感し、支援しなければならないのです。それは自分にとって大切な人、あるいはそれを超えた存在、「いのち」への感謝の行為に他ならないのだと気づかされました。

保育の世界も同じだと思いました。子どもたちの生きるエネルギーの大きさは、私たちに「いのち」への感動と畏敬の念を起こさせてくれます。「いのち」のエネルギーそのものに対する畏敬の念を持って子どもたちの前にひざまずくこと、それがケア、保育の本質なのだと思わずにはいられません。私が出会った数多くの地上の星は、そんないのちのエネルギーに仕える保育士だったのだと思います。

いささか情緒的な表現になってしまいましたが、保育という舞台で演じられる世界が感動的なのは、こうしたひざまずく世界がそこに広がっているからなのでしょう。本書の第一部は、そんな保育が演じられる舞台づくりに関する現状と論考を集めたものです。そして、第二部は、その舞台の上で保育を行う人たちが何を大切にしているのか、すべきなのかについて論考を重ねたものです。

本書は、「はじめに」に記載のとおり、全国保育団体の機関紙『保育通信』に2018(平成30)年4月号から2019(平成31)年1月号までの10回にわたって連載したものを中心に加筆修正して編まれたものです。本書執筆の機会を与えていただき、また、単行本化することをご快諾いただいた全国私立保育園連盟に心より感謝申し上げます。
また、本書の推敲には、私の長女・金子直美氏が携わってくれました。これも感謝です。さらに、本書の趣旨に理解を示し、出版の労をとっていただいた明石書店、並びに校正等にご尽力いただいた同書店の深澤孝之氏、伊得陽子氏に心より感謝申し上げます。そして、最後に、私にケアの本質について気づかせてくれた妻に、心から感謝いたします。このようなケアワーク、養護と教育が一体となった保育に携わる多くの保育士たち、子どもたちの育ちのエネルギー並びにその子どもを育てる多くの親たちに社会の関心が集まり、子ども・子育ての福祉が少しでも進展することを願っています。

2019（平成31）年3月

柏女　霊峰

【初出】

序　章　平成期の子ども・子育て支援・保育の動向と大切にすべきこと（『保育通信』２０１９年1月号）

第1章　子ども・子育て支援制度と保育・子育て支援サービス（『子ども家庭福祉論［第5版］』誠信書房（２０１８）、「保育・子育て支援サービスの現状と今後の方向」『ＮＨＫ社会福祉セミナー』２０１７年4〜7月号などを下敷きに書き下ろし）

第2章　平成期の就学前保育政策——政策立案の回顧録として（『保育通信』２０１８年12月号）

第3章　子ども・子育て支援制度の見直しについて——保育サービスを中心に（『保育通信』２０１８年5月号）

第4章　子ども・子育て支援制度の見直しについて——保育に関連する施策動向と求められる視点（『保育通信』２０１８年6月号）

第5章　子ども・子育て支援制度の検討課題——より良い制度に向けて（『保育通信』２０１８年11月号）

第6章　保育所保育指針を読む——福祉の視点と教育の視点（『保育通信』２０１８年4月号）

第7章　保育所保育指針の子ども観、保育観（『保育通信』２０１８年7月号）

第8章　保育士の専門性と倫理（柏女霊峰「保育者の倫理について考える」「保育者の専門性について考える」柏女霊峰監修『保育者となる資質・能力を育む実習指導』〈仮題〉福村出版、近刊）

第9章　保育を通じた地域との関係づくりや保育の発信について（『保育通信』２０１８年8月号）

第10章　福祉の点から考える子ども育成の新しい理念（『保育通信』２０１８年10月号）

第11章　子ども・子育て支援制度と共生社会の創出（『保育通信』２０１８年9月号）

【著者紹介】

柏女 霊峰（かしわめ・れいほう）

1952年福岡県生まれ。

東京大学教育学部教育心理学科卒業。

千葉県児童相談所心理判定員、厚生省児童家庭局児童福祉専門官を経て、現在、淑徳大学総合福祉学部教授・同大学院教授。石川県顧問、浦安市専門委員。内閣府子ども・子育て会議委員、厚生労働省放課後児童対策に関する専門委員会委員長、東京都児童福祉審議会副会長、同子供・子育て会議会長、流山市子ども・子育て会議会長、全国保育協議会保育施策検討特別委員会委員、社会福祉法人興望館理事長など。

主著に『子ども家庭福祉論』（誠信書房, 2009年）、『子ども家庭福祉・保育の幕開け』（誠信書房, 2011年）、『子ども・子育て支援制度を読み解く』（誠信書房, 2015年）、『これからの子ども・子育て支援を考える』（ミネルヴァ書房, 2017年）など。

混迷する保育政策を解きほぐす

――量の拡充・質の確保・幼児教育の振興のゆくえ

2019年５月５日　初版第１刷発行

著　者　　柏女霊峰

発行者　　大江道雅

発行所　　株式会社　明石書店

〒101-0021　東京都千代田区外神田6-9-5

電　話　03（5818）1171

ＦＡＸ　03（5818）1174

振　替　00100-7-24505

http://www.akashi.co.jp

装丁　明石書店デザイン室

印刷・製本　モリモト印刷株式会社

（定価はカバーに表示してあります）　ISBN978-4-7503-4839-1